21世纪高职高专财经类能力本位型规划教材
财会专业教学改革教材

会计基础实训

主　编　刘春才
副主编　唐　凯　徐海燕
　　　　韩正民　张馨康

北京大学出版社
PEKING UNIVERSITY PRESS

内容简介

本书根据任务驱动、顶岗实习等教学模式的要求，按照项目化形式编写而成，设置了 8 个项目 16 项任务，内容包括数字和金额的书写、原始凭证和记账凭证的填制与审核、账簿的登记、财产清查、汇总记账凭证和科目汇总表的编制、会计报表的编制及综合实训。本书内容系统、实用，融“教、学、做”于一体。

本书既可作为高职高专院校财经类相关专业的实训课程教材，也可作为基础会计课程的配套教材，还可作为会计从业人员的上岗培训教材。

图书在版编目(CIP)数据

会计基础实训/刘春才主编. —北京：北京大学出版社，2012.1

(21 世纪高职高专财经类能力本位型规划教材)

ISBN 978-7-301-19964-0

Ⅰ. ①会…　Ⅱ. ①刘…　Ⅲ. ①会计学—高等职业教育—教材　Ⅳ. ①F230

中国版本图书馆 CIP 数据核字(2011)第 269639 号

书　　名：会计基础实训

著作责任者：刘春才　主编

策 划 编 辑：蔡华兵

责 任 编 辑：陈颖颖

标 准 书 号：ISBN 978-7-301-19964-0/F • 3013

出　版　者：北京大学出版社

地　　址：北京市海淀区成府路 205 号　100871

网　　址：http://www.pup.cn　http://www.pup6.cn

电　　话：邮购部 62752015　发行部 62750672　编辑部 62750667　出版部 62754962

电 子 邮 箱：pup_6@163.com

印　刷　者：北京鑫海金澳胶印有限公司

发　行　者：北京大学出版社

经　销　者：新华书店

787mm×1092mm　16 开本　14.5 印张　257 千字

2012 年 1 月第 1 版　2016 年 1 月第 3 次印刷

定　　价：29.00 元

前　　言

会计基础实训是高等职业教育财经类专业学生的一门专业素质课程。该课程既是对基础会计课程的巩固、提升，也是学好会计专业后续课程的基础，更是培养学生专业动手能力、应用能力和基础岗位能力的基石，在专业课程体系中具有重要的地位和作用。为培养知识、能力与素质全面发展的会计专业人才，让其熟悉、巩固会计专业知识并掌握会计操作技能，学生在学习了会计基础课程后进行实际操作演练就显得尤为必要。因此，我们根据任务驱动、顶岗实习等教学模式的要求，积极与相关行业企业合作编写了本书。

本书作为苏州经贸职业技术学院建设的精品教材，主要有以下特点。

1. 项目导向，任务驱动

本书以会计工作过程中各岗位所需要的职业基本操作能力为基础来构建内容体系，突出培养会计动手能力，强调会计知识与技能的结合，融“教、学、做”于一体，以实现高职高专职业教育的目标。

2. 操作性好，系统性强

本书内容结构完整、前后连贯，实训的报表与会计工作实际使用的基本相同，实训资料规范，实训内容具有实践性、启发性、应用性。本书在每个实训项目内容的安排上，先回顾刚学习过的专业知识，再突出专业知识在会计实务中的应用；在整个实训体系安排上，先进行专项职业能力的实训操作，再进行综合、全面的实训，使学生系统地熟悉、掌握会计核算实务的全过程。

3. 方便教学

本书对每个项目的目标均有明确说明，便于学习操作。在专项实训中所需要的会计资料，书中均已提供；综合实训所需要的实训材料的种类和数量，书中也有详细说明。

4. 与相关行业企业会计专家合作开发

在本书编写过程中，我们选择具有代表性的企业和会计中介机构作为合作方，其中苏州中惠会计师事务所的副主任会计师张馨康参加了本书的编写和指导工作；我们还咨询了从事会计工作的我校往届毕业生，他们也提出了许多意见和建议。

本书由刘春才任主编，唐凯、徐海燕、韩正民、张馨康任副主编，编写分工如下：项目一、项目五由徐海燕编写，项目二由韩正民编写，项目三由刘春才、韩正民编写，项目四、项目六、项目七由唐凯编写，项目八由刘春才、张馨康编写。刘春才、张馨康负责全书修改、整理和定稿。

本书在编写过程中还得到了不少学校和企业的专家、学者、领导以及北京大学出版社的大力支持，在此表示诚挚的感谢！

由于编者水平有限，书中难免存在疏漏之处，敬请广大读者批评指正。

编　者

2011 年 9 月

目　录

项目一　数字和金额的书写

项目目标

1. 规范书写阿拉伯数字。
2. 正确书写大写数字。
3. 正确、规范书写大小写金额。
4. 正确转换大小写金额。

任务 1　数字的书写

1.1　任务指导

1.1.1　阿拉伯数字书写规范

阿拉伯数字是世界各国通用的数字，共有 10 个，即 0、1、2、3、4、5、6、7、8、9，笔画简单、书写方便、应用广泛，必须规范书写行为，符合手写体的要求。

(1) 阿拉伯数字应当一个一个地写，不得连笔写，排列要整齐，在书写时应有一定的斜度，一般为 60° 左右。

(2) 书写时要紧靠横格底线，数字的高度一般占凭证账页横格高度的 1/2，使上方能留出更正空间。

(3) 书写时，数字要大小一致，间距均匀，约半个数字大小，不宜过大以防被添加数字。在印有数位线的凭证、账簿上，每一格只能写一个数字，不得在一个格里写几个数字，也不得在数字中间留有空格。

(4) 为防止被模仿或涂改，每个会计人员都要规范书写数字，还要保持个人的书写规律和特色。

①“0”字书写时，紧贴底线，圆要闭合，不宜过小，否则易被改为“9”字。

②“1”字应居中写并不可写得过短，以防被改为“4”、“6”、“7”、“9”字。

③“2”字的底部上绕，以免被改为“3”字。

④“3”字书写时，拐弯处光滑流畅，起笔处至拐弯处距离稍长，不宜过短，否则易被改为“5”字。

⑤“4”字的顶部不封口，写第 1 笔时应上抵中线，下至下半格的 1/4 处，并注意“4”字的中竖要明显比“1”短。

⑥“5”字书写时，横、钩必须明显，不可拖泥带水，否则易被改为“8”字。

⑦“6”字的竖划应偏左，“4”、“7”、“9”字的竖划应偏右，此外“6”字的竖划应上提为一般数字的 1/4；“7”、“9”字的竖划可下拉出格至一般数字的 1/4。书写“6”字时下圆要明显，以防被改为“8”字。

⑧“7”字书写时，横要平直明显，竖稍斜，拐弯处不能圆滑，否则易与“1”、“9”字混淆。

⑨“8”字起笔于右上角，结束于右上角，写“8”字时，上边要稍小，下边要稍大，可以斜“S”起笔也可直笔起笔，终笔与起笔交接处应成菱角，以防止被认为是将“3”字改为“8”字。

⑩“9”字书写时，上部的小圆要闭合，不留空隙，并且一竖稍长，略微出底线，否则易与“4”字混淆。

⑪“6”、“8”、“9”、“0”字的圆圈必须封口。

阿拉伯数字书写标准字样如图 1.1 所示。

图 1.1　阿拉伯数字书写标准字样

1.1.2　中文大写数字书写规范

中文大写数字因笔画繁多，所以可防篡改，被广泛用于支票、传票、数据、发票等重要票据，有利于避免造成混淆和经济损失。中文大写数字由数字和数位两部分组成，二者缺一不可。

中文大写数字分为数字（壹、贰、叁、肆、伍、陆、柒、捌、玖）和数位［拾、佰、仟、万、亿、元、角、分、零、整（正）］两个部分。中文大写数字书写通常采用正楷、行书两种。

会计人员在书写中文大写数字时，不能用 0（另）、一、二、三、四、五、六、七、八、九、十等文字代替大写金额数据。

1.2　任务训练

1.2.1　书写阿拉伯数字

要求：在字格内规范书写阿拉伯数字。书写时字体大小匀称，排列整齐。

0														
1														
2														
3														
4														

5														
6														
7														
8														
9														
0														
1														
2														
3														
4														
5														
6														
7														
8														
9														

0														
1														
2														
3														
4														
5														
6														

7														
8														
9														
0														
1														
2														
3														
4														
5														
6														
7														
8														
9														

1.2.2　书写中文大写数字

要求：在方字格内正确书写中文大写数字。书写时字迹工整、清晰，字体大小匀称，排列整齐。

零													
壹													
贰													
叁													
肆													
伍													
陆													
柒													

捌												
玖												
拾												
佰												
仟												
万												
亿												
元												
角												
分												
整												
正												

零												
壹												
贰												
叁												
肆												
伍												
陆												
柒												
捌												
玖												
拾												
佰												
仟												

万												
亿												
元												
角												
分												
整												
正												

任务 2　金额的书写

2.1　任务指导

通常，将用阿拉伯数字表示的金额数字简称为“小写金额”，用中文大写数字表示的金额数字简称为“大写金额”。

2.1.1　小写金额书写规范

(1) 书写小写金额时，数字前面应当书写货币币种或者货币名称简写和币种符号，例如￥、£、$。币种符号与数字之间不得留有空白，以防止金额数字被人涂改。凡数字前写有币种符号的，数字后面不再写货币单位。人民币符号用“￥”表示，“￥”是“Yuan”首字母的缩写变形，它既代表了人民币的币种，又表示人民币“元”的单位。所以，小写金额前填写人民币符号“￥”以后，数字后面不写“元”字。

“￥”主要应用于填写票证（发票，支票，存单等）和编制记账凭证，在登账、编制报表时，一般不使用“￥”。

(2) 在没有数位分隔线的凭证、账表上，所有以元为单位的阿拉伯数字，除表示单价等情况外一律写到角分；无角分的，角位和分位可写“00”或 “—”；有角无分的，分位应当写“0”字，不得以符号“—”代替。

(3) 金额的整数部分，可以从小数点向左按照“三位一节”用分位点“，”分开或加 1/4 空分开。

(4) 有数位分隔线的凭证、账表的规范写法：

① 对应固定的数位填写，不得错位，从最高位起，后面各数位格数字必须填写完整。

② 只有分位金额的，在元和角位上均不得写“0”字。

③ 只有角位或角分位金额的，在元位上不得写“0”字。

④ 角分位都是“0”的，在角分位上各写一个“0”字，不能采用划线等方法代替。

2.1.2　大写金额书写规范

(1) 大写金额由数字和数位组成。数位主要包括元、角、分和拾、佰、仟、万、亿等。

(2) 中文大写金额数字前应标明“人民币”字样，大写金额数字应紧接“人民币”字样填写，不得留有空白，数字之间更不能留存空格。在票据和结算凭证大写金额栏内不得预印固定的“仟、佰、拾、万、仟、佰、拾、元、角、分”字样。

(3) 人民币以元为单位时，只要人民币元后分位没有金额（即无角无分，或有角无分），应在大写金额后加上“整”字结尾；如果分位有金额，在“分”后不必写“整”字。例如，58.69 元，写成人民币伍拾捌元陆角玖分。因其分位有金额，在“分”后不必写“整”字。又如，58.60 元，写成人民币伍拾捌元陆角整。因其分位没有金额，应在大写金额后加上“整”字结尾。

(4) 如果金额数字中间有两个或两个以上“0”字，可只写一个“零”字。如金额为 800.10 元，应写为人民币捌佰元零壹角整。

(5) 表示数字为拾几、拾几万时，大写文字前必须有数字“壹”字，因为“拾”字代表位数，而不是数字。例如，10 元，应写为壹拾元整。又如，16 元，应写成壹拾陆元整。

(6) 大写数字不能乱用简化字，不能写错别字，如“零”不能用“另”代替，“角”不能用“毛”代替等。

(7) 中文大写数字不能用中文小写数字代替，更不能与中文小写数字混合使用。

2.1.3　大小写金额的转换

(1) 阿拉伯数字表示的小写金额数字中有“0”时，中文大写金额应按照汉语语言规律、金额数字构成和防止涂改的要求进行书写。

举例如下：

① 阿拉伯金额数字中间有“0”时，中文大写金额要写“零”字，例如，￥1 409.50，应写成人民币壹仟肆佰零玖元伍角整。

② 阿拉伯金额数字中间连续有几个“0”时，中文大写金额中间可以只写一个“零”字，例如，￥6 007.14，应写成人民币陆仟零柒元壹角肆分。

③ 阿拉伯金额数字万位和元位是“0”，或者数字中间连续有几个“0”，万位、元位也是“0”，但千位、角位不是“0”时，中文大写金额中可以只写一个“零”字，也可以不写“零”字。例如，￥1 680.32，应写成人民币壹仟陆佰捌拾元零叁角贰分，或者写成人民币壹仟陆佰捌拾元叁角贰分；又如，￥107 000.53，应写成人民币壹拾万柒仟元零伍角叁分，或者写成人民币壹拾万零柒仟元伍角叁分。

④ 阿拉伯金额数字角位是“0”，而分位不是“0”时，中文大写金额“元”后面应写“零”字。例如，￥16 409.02，应写成人民币壹万陆仟肆佰零玖元零贰分；又如，￥325.04，应写成人民币叁佰贰拾伍元零肆分。

(2) 阿拉伯金额数字前面，均应填写人民币符号“￥”。阿拉伯金额数字要认真填写，不得连写以致分辨不清。

(3) 票据的出票日期必须使用中文大写数字。为防止变造票据的出票日期，在填写月、日时，月为壹、贰和壹拾的，日为壹至玖和壹拾、贰拾、叁拾的，应在其前面加“零”字，日为拾壹至拾玖的，应在其前面加“壹”字。例如，1 月 15 日，应写成零壹月壹拾伍日；再如，10 月 20 日，应写成零壹拾月零贰拾日。

(4) 票据出票日期使用阿拉伯数字填写的，银行不予受理。大写日期未按规范填写的，银行可予受理，但由此造成损失的，由出票人自行承担。

2.2 任务训练

2.2.1 判断金额书写正误

要求：判断下表中小写金额及其对应的大写金额书写和转换是否规范、正确。正确的在“正误”栏打“√”，错误的在“正误”栏打“×”。

题号	小写金额	正误	大写金额	正误
1	￥5 700.35		人民币伍仟柒佰元叁角伍分	
2	￥820.—		人民币捌佰贰拾元	
3	￥50 006.0-		人民币五万零陆元整	
4	￥45 600.00		人民币肆万伍仟陆佰元整	
5	￥68 725.40		人民币陆万捌千柒佰贰拾伍元肆角	
6	￥90 100.—		人民币玖万零壹佰元整	
7	31 430.89		人民币叁万壹仟肆佰叁拾元零捌角整	
8	100.71		人民币壹佰元柒角壹分整	
9	￥10.-6		人民币拾元零陆分	
10	￥7 000.—		人民币柒仟元整	
11	￥206		人民币贰佰零陆元整	
12	123.45		人民币壹佰贰拾叁元零肆角伍分	
13	￥5 100.00		人民币伍仟壹百元整	
14	￥11.—		人民币壹拾壹元	
15	20.80		贰拾元零捌角整	

2.2.2 书写大小写金额

要求：照例正确填写各行空缺的金额数字。

会计凭证、账表上的小写金额栏									原始凭证上的大写金额栏
没有数位分割线	有数位分割线								
	十	万	千	百	十	元	角	分	
￥186.50				1	8	6	5	0	人民币壹佰捌拾陆元伍角整
￥68 725.42									
￥910.—									
￥5 556.10									
￥45.70									
￥1 111.55									

续表

会计凭证、账表上的小写金额栏									原始凭证上的大写金额栏
没有数位分割线	有数位分割线								
	十	万	千	百	十	元	角	分	
￥700.01									
￥30 030.80									
￥800.91									
￥10.16									
￥70 000.10									
		8	2	2	1	5	9	7	
			9	0	0	0	4	7	
						1	7	4	
		8	0	3	5	7	0	8	
	8	6	0	1	0	4	0	0	
						4	8	1	
		9	8	0	1	0	0	0	
		3	2	0	1	4	0	7	
		4	6	2	0	9	2	2	
	5	0	1	8	0	6	6	0	
				9	0	0	7	0	
									人民币陆仟叁佰元零伍分
									人民币贰佰伍拾肆元伍角整
									人民币陆万零捌佰元整
									人民币贰万零肆佰肆拾壹元伍角玖分
									人民币叁拾万元零壹分
									人民币壹仟壹佰零陆元零肆分
									人民币贰角整
									人民币柒万贰仟零壹拾陆元零贰分
									人民币壹佰元整
									人民币陆仟零陆元捌角叁分

项目二 原始凭证的填制与审核

项目目标

1. 熟悉原始凭证的基本内容、种类。
2. 熟悉原始凭证的填制要求。
3. 熟悉原始凭证的审核要求。
4. 正确填制原始凭证。
5. 正确审核原始凭证。

任务3 原始凭证的填制

3.1 任务指导

3.1.1 原始凭证的基本内容

原始凭证是指在经济业务发生或完成时由经办人员取得或填制的，用以记录经济业务，明确经济责任，具有法律效力的书面证明。由于各项经济业务的内容和经济管理要求的不同，原始凭证的名称、格式和内容也是多种多样。但是，所有原始凭证都应具备以下一些共同的内容。

(1) 原始凭证的名称，如销货发票、借款单等。

(2) 原始凭证的日期，即经济业务发生的时间。

(3) 原始凭证的编号。原始凭证应按顺序编号，以防遗失或舞弊。

(4) 填制单位或接收单位的名称。原始凭证应反映填制单位或接收单位的全称，以便于联系和核对。

(5) 经济业务的基本内容。经济业务所涉及的产品或劳务名称、数量、单价及金额等。

(6) 经办人员的签名或盖章。经办人员应签名或盖章，以明确经济责任。

3.1.2 原始凭证的种类

(1) 按取得的来源不同分为外来原始凭证和自制原始凭证。

① 外来原始凭证：是指从其他单位或个人取得的原始凭证。如采购人员出差购买的车船票，采购货物取得的购货发票，银行开具的收款或付款结算凭证等。

② 自制原始凭证：是指本单位业务人员自行填制的原始凭证。如材料验收入库时的收料

单，领用材料时的领料单，产品入库时的入库单，产品出库时的出库单，销售货物时开具的发票，结算职工工资时的工资单等。

(2) 按填制方法不同分为一次原始凭证、累计原始凭证和汇总原始凭证。

① 一次原始凭证：是指一次填制完毕的原始凭证。外来原始凭证均属一次原始凭证，自制原始凭证大多属于一次原始凭证。

② 累计原始凭证：是指在一定期间内连续记载若干同类经济业务的原始凭证。累计原始凭证可以连续登记性质相同的经济业务，随时计算出累计数和结余数，期末按实际发生额记账。如限额领料单、费用限额卡等属累计原始凭证。

③ 汇总原始凭证：是指根据若干同类经济业务的原始凭证汇总编制而成的原始凭证汇总表。如领用材料汇总表、工资结算汇总表等属汇总原始凭证。

(3) 按格式不同分为通用原始凭证和专用原始凭证。

① 通用原始凭证：是指在全国或某一地区范围内具有统一格式和使用方法的原始凭证。如全国统一使用的银行承兑汇票，某省印制的增值税专用发票等。

② 专用原始凭证：是指一些单位内部使用的具有特定内容和格式的原始凭证。如差旅费报销单、工资结算单等属于专用原始凭证。

3.1.3 原始凭证的填制要求

为了正确、完整、及时地记录各项经济业务，在填制原始凭证时，必须符合以下要求。

1. 真实合法

原始凭证上记载的经济业务的日期、货物或劳务名称、数量、金额等必须与实际情况相符，不得歪曲经济业务真相、弄虚作假。经济业务必须符合国家的相关法律和法规规定。

2. 项目完整

原始凭证上各项内容要逐项填制齐全，不得遗漏和简略。有关经办单位和人员的签章必须齐备。经上级批准的经济业务或会议决定事项，应将相关文件作为原始凭证的附件。

3. 书写规范

原始凭证的填制要用黑色或蓝黑墨水书写，汉字的书写要字迹端正、易于辨认，数字的书写要符合会计的规范。需要填写一式数联的原始凭证，必须用复写纸套写，各联的内容必须完全相同，联次不得缺少。另外，还应注意以下几点。

(1) 阿拉伯数字合计金额前应写人民币符号“￥”或其他币种符号，币种符号与阿拉伯数字之间不得留有空白。以元为单位的阿拉伯数字，一律填写到角分；无角分的，角位和分位可写“00”或符号“—”；有角无分的，分位应写“0”字，不得用符号“—”代替。

(2) 中文大写数字金额前未印有“人民币”字样的，应填写“人民币”三字，“人民币”三字与大写数字金额之间不得留有空白。大写数字金额到元或角为止的，在元或角之后写“整”或“正”字；大写数字金额有分的，分后面不写“整”或“正”字。

(3) 票据的出票日期必须使用中文大写数字。为防止票据的出票日期被篡改，在填写月、日时，月为壹、贰和壹拾的，日为壹至玖和壹拾、贰拾、叁拾的，应在其前面加“零”字；日为拾壹至拾玖的，应在其前面加“壹”字。

4. 计算正确

原始凭证中对于数量和金额的计算，要准确无误，不得匡算或估计。

5. 编号连续

原始凭证的编号应当连续，不得空号或跳号，以防凭证遗失或舞弊。如有跳号，应加盖“作废”单，连同存根一同保存，不得撕毁。

6. 填制及时

经济业务发生或完成时，应当及时填制原始凭证并按规定程序及时送交会计部门。

3.2 任务训练

3.2.1 任务资料

东吴家具有限责任公司为一般纳税人，公司利用木材生产办公家具。

公司有关会计人员，会计主管：周亮；记账：赵超；出纳：王芳；制证：李治；稽核：张丹。

开户银行：中国建设银行吴中支行。

账号：01236876621。

地址：吴中市解放路28号。

税务登记号：370207664733586。

2011年7月该公司发生下列经济业务。

(1) 3日，公司财务科出纳员王芳开出现金支票一张，从银行提取现金2 000元备用(见表3-1)。

表3-1 **现 金 支 票**

<table>
<tr><td rowspan="6">中国建设银行
现金支票存根
No. 33306368
附加信息

出票日期　　年　月　日
收款人：
金　额：
用　途：
单位主管　　会计</td><td colspan="3">中国建设银行现金支票　　No. 33306368</td></tr>
<tr><td colspan="3">出票日期(大写)　　年　　月　　日　　付款行名称：
收款人：　　　　　　　　　　出票人账号：</td></tr>
<tr><td rowspan="4">本支票付款期限十天</td><td>人民币
(大写)</td><td>百 十 万 千 百 十 元 角 分</td></tr>
<tr><td colspan="2">用途</td></tr>
<tr><td colspan="2">上列款项请从
我账户内支付
出票人签章</td></tr>
<tr><td colspan="2">复核　　　记账</td></tr>
</table>

(2) 4日，公司开出转账支票50 000元，支付前欠友新公司材料款(见表3-2)。

表 3-2 **转账支票**

<table>
<tr><td rowspan="6">中国建设银行
转账支票存根
No. 33888778
附加信息

出票日期　年　月　日
收款人：
金　额：
用　途：
单位主管　会计</td><td colspan="11">中国建设银行转账支票　　No. 33888778</td></tr>
<tr><td colspan="11">出票日期(大写)　年　月　日　付款行名称：
收款人：　出票人账号：</td></tr>
<tr><td rowspan="4">本支票付款期限十天</td><td rowspan="2">人民币
(大写)</td><td>百</td><td>十</td><td>万</td><td>千</td><td>百</td><td>十</td><td>元</td><td>角</td><td>分</td></tr>
<tr><td></td><td></td><td></td><td></td><td></td><td></td><td></td><td></td><td></td></tr>
<tr><td colspan="10">用途
上列款项请从
我账户内支付
出票人签章　　复核　　记账</td></tr>
</table>

(3) 5 日，公司业务部张刚出差向财务部预借差旅费 1 500 元，出纳员王芳审核无误后以现金付讫(见表 3-3)。

表 3-3 **借　款　单**

年　月　日　　字第　号

<table>
<tr><td>借款人</td><td></td><td rowspan="2">借款事由</td><td rowspan="2"></td></tr>
<tr><td>所属部门</td><td></td></tr>
<tr><td>借款金额</td><td colspan="3">金额(大写)　　￥</td></tr>
<tr><td>批准金额</td><td colspan="3">金额(大写)　　￥</td></tr>
</table>

会计主管：　出纳：　借款人：

(4) 6 日，向华为百货商场(税务登记号：371207678733588，中国建设银行白塔支行，账号：01346876678)销售办公桌 150 张，办公沙发 100 套。其中办公桌每张售价 100 元(不含增值税)，成本为每件 80 元；办公沙发每套售价 1 000 元(不含增值税)，成本为每件 850 元。开出增值税专用发票，收到商场的转账支票 1 张，出纳员当日填写银行进账单送存银行(见表 3-4、表 3-5)。

表 3-4 **××省增值税专用发票**

开票日期：　年　月　日　　No. 0006578128

<table>
<tr><td>购货单位</td><td colspan="4">名　称：
地址、电话：
纳税人识别号：
开户银行及账号：</td><td>密码区</td><td colspan="3"></td></tr>
<tr><td colspan="2">商品或劳务名称</td><td>规格型号</td><td>计量单位</td><td>数量</td><td>单价</td><td>金　额</td><td>税率</td><td>税　额</td></tr>
<tr><td colspan="2"></td><td></td><td></td><td></td><td></td><td></td><td></td><td></td></tr>
<tr><td colspan="2"></td><td></td><td></td><td></td><td></td><td></td><td></td><td></td></tr>
<tr><td colspan="2"></td><td></td><td></td><td></td><td></td><td></td><td></td><td></td></tr>
<tr><td colspan="2">合　计</td><td></td><td></td><td></td><td></td><td></td><td></td><td></td></tr>
<tr><td colspan="2">价税合计(大写)</td><td colspan="7">仟 佰 拾 万 仟 佰 拾 元 角 分　(小写)￥</td></tr>
<tr><td>销货单位</td><td colspan="5">名　称：
地址、电话：
纳税人识别号：
开户银行及账号：</td><td colspan="3">备注：</td></tr>
</table>

收款人：　复核：　开票人：　销货单位：(章)

表 3-5 **中国建设银行进账单(收账通知)**

年　月　日　　　　第　号

出票人	全　称		收款人	全　称	
	账　号			账　号	
	开户银行			开户银行	

人民币(大写)		千	百	十	万	千	百	十	元	角	分

票据种类		票据张数		收款人开户银行签章
票据号码				
单位主管　会计　复核　记账				

此联是收款人开户行交给收款人收账通知

(5) 8 日，公司销售给个人王涛办公桌 100 张，售价每张 1 000 元(包含增值税)，成本为每张 700 元，收到现金并开出普通销售发票。出纳王芳当天将现金存入银行(见表 3-6、表 3-7)。

表 3-6 **××省商品销售统一发票**

客户名称及地址：　　　　年　月　日　　　　No. 0106578128

品名	规格	单位	数量	单价	金额							备注
					万	千	百	十	元	角	分	
合　计												
合计金额(大写)　万　仟　佰　拾　元　角　分												

填票人：　　　　收款人：　　　　单位名称(盖章)

第三联　记账联

表 3-7 **中国建设银行现金交款单(回单)**

年　月　日

交款单位		收款单位			
款项来源		账　号		开户银行	

大写金额		亿	千	百	十	万	千	百	十	元	角	分

券别	伍角	贰角	壹角	伍分	贰分	壹分	科目(贷) 对方科目(借)
张数							
券别	壹佰元	伍拾元	拾元	伍元	贰元	壹元	
张数							

第一联　由银行盖章后退回单位

(6) 11 日，从东方木材城购进木材 20 方，单价每方 2 000 元，增值税率 17%，货款未付，木材已经验收入库(见表 3-8)。

表 3-8　**收　料　单**

供应单位：　　　　　　　　　　年　月　日　　　　　　　　凭证编号：

发票号码：　　　　　　　　　　　　　　　　　　　　　　　收料仓库：

材料编号	材料名称	规格型号	计量单位	数　量		价　格	
				应　收	实　收	单　价	金　额
备注				运杂费			
				合　计			

验收员：　　　　保管员：　　　　仓库负责人：　　　　记账员：

(7) 12 日，开出转账支票 1 张，支付前欠东方木材城货款(见表 3-9)。

表 3-9　**转 账 支 票**

中国建设银行 转账支票存根 No. 33888778	中国建设银行转账支票　　No. 33888778
附加信息	出票日期(大写)　　年　月　日　　付款行名称： 收款人：　　　　　　　　　　　出票人账号：
出票日期　　年　月　日	本支票付款期限十天　　人民币(大写)　　百 十 万 千 百 十 元 角 分
收款人： 金　额： 用　途：	用途 上列款项请从 我账户内支付 出票人签章　　　　复核　　记账
单位主管　　会计	

(8) 13 日，业务部张刚出差回来，根据报销单和相关发票报销差旅费 1 000 元，退回现金 500 元。出纳开出收据(见表 3-10、表 3-11)。

表 3-10　**现金收款收据**

年　月　日　　　　　　　　No. 1200238

收款单位		交款单位	
金额(人民币大写)：______________ ￥			备注：
事由______________			

第三联　记账联

会计主管：　　　　收款人：　　　　收款单位盖章

表 3-11 差旅费报销单

部门：　　　　　　　　　　年　月　日　　　　　　　　　　附件　张

<table>
<tr><td colspan="2" rowspan="2">姓名</td><td colspan="3" rowspan="2"></td><td colspan="3" rowspan="2">出差事由</td><td colspan="3" rowspan="2"></td><td colspan="4">出差自　年 月 日</td><td colspan="2" rowspan="2">共　天</td></tr>
<tr><td colspan="4">至　年　月　日</td></tr>
<tr><td colspan="6">起讫时间及地点</td><td colspan="2">车船票</td><td colspan="3">夜间乘车补助费</td><td colspan="3">出差乘补费</td><td>住宿费</td><td colspan="2">其他</td></tr>
<tr><td>月</td><td>日</td><td>起</td><td>月</td><td>日</td><td>讫</td><td>类别</td><td>金额</td><td>时间</td><td>标准</td><td>金额</td><td>日数</td><td>标准</td><td>金额</td><td>金额</td><td>摘要</td><td>金额</td></tr>
<tr><td></td><td></td><td></td><td></td><td></td><td></td><td></td><td></td><td></td><td></td><td></td><td></td><td></td><td></td><td></td><td></td><td></td></tr>
<tr><td></td><td></td><td></td><td></td><td></td><td></td><td></td><td></td><td></td><td></td><td></td><td></td><td></td><td></td><td></td><td></td><td></td></tr>
<tr><td></td><td></td><td></td><td></td><td></td><td></td><td></td><td></td><td></td><td></td><td></td><td></td><td></td><td></td><td></td><td></td><td></td></tr>
<tr><td></td><td></td><td></td><td></td><td></td><td></td><td></td><td></td><td></td><td></td><td></td><td></td><td></td><td></td><td></td><td></td><td></td></tr>
<tr><td></td><td></td><td></td><td></td><td></td><td></td><td></td><td></td><td></td><td></td><td></td><td></td><td></td><td></td><td></td><td></td><td></td></tr>
<tr><td></td><td></td><td></td><td></td><td></td><td></td><td></td><td></td><td></td><td></td><td></td><td></td><td></td><td></td><td></td><td></td><td></td></tr>
<tr><td colspan="6">小计</td><td></td><td></td><td></td><td></td><td></td><td></td><td></td><td></td><td></td><td></td><td></td></tr>
<tr><td colspan="17">合计金额(大写)：</td></tr>
<tr><td colspan="17">备注：预借　　　　核销　　　　退补</td></tr>
</table>

会计主管：　　　　　　　　　　出纳：　　　　　　　　　　报销人：

(9) 14 日，基本生产车间生产办公桌领用木材 500 方(见表 3-12)。

表 3-12 领　料　单

领用部门：　　　　　　　　　　年　月　日　　　　　　　　　　凭证编号：

用　　途：　　　　　　　　　　　　　　　　　　　　　　　　　发料仓库：

<table>
<tr><td rowspan="2">材料
编号</td><td rowspan="2">材料
名称</td><td rowspan="2">规格
型号</td><td rowspan="2">计量
单位</td><td colspan="2">数　量</td><td colspan="2">价　格</td></tr>
<tr><td>请　领</td><td>实　领</td><td>单　价</td><td>金　额</td></tr>
<tr><td></td><td></td><td></td><td></td><td></td><td></td><td></td><td></td></tr>
<tr><td></td><td></td><td></td><td></td><td></td><td></td><td></td><td></td></tr>
<tr><td></td><td></td><td></td><td></td><td></td><td></td><td></td><td></td></tr>
<tr><td></td><td></td><td></td><td></td><td></td><td></td><td></td><td></td></tr>
<tr><td></td><td></td><td></td><td></td><td></td><td></td><td></td><td></td></tr>
<tr><td colspan="4">备注：</td><td colspan="2">合　计</td><td></td><td></td></tr>
</table>

审批人：　　　　　　　领料员：　　　　　　　发料员：　　　　　　　记账员：

(10) 15 日，向联华商场(开户行及账号：中国建设银行龙港支行 01343878675；税务登记号：371207678734682)销售办公桌 20 张，每张售价 600 元(不含增值税)，增值税率 17%，款项尚未收到，已开具增值税专用发票。办公桌每张成本为 500 元(见表 3-13)。

表 3-13 **××省增值税专用发票**

开票日期： 年 月 日 No. 0006578124

购货单位	名 称： 地 址 、 电 话： 纳 税 人 识 别 号： 开户银行及账号：			密码区			
商品或劳务名称	规格型号	计量单位	数量	单价	金 额	税率	税 额
合 计							
价税合计(大写)	拾 万 仟 佰 拾 元 角 分 (小写) ￥						
销货单位	名 称： 地 址 、 电 话： 纳 税 人 识 别 号： 开户银行及账号：				备注：		

第四联：记账联 销货方记账凭证

收款人： 复核： 开票人： 销货单位：(章)

(11) 16 日，开出转账支票支付广告费用 8 000 元(见表 3-14)。

表 3-14 **转 账 支 票**

存根	支票
中国建设银行 转账支票存根 No. 33888771 附加信息 出票日期 年 月 日 收款人： 金 额： 用 途： 单位主管 会计	**中国建设银行转账支票** No. 33888771 出票日期(大写) 年 月 日 付款行名称： 收款人： 出票人账号： 本支票付款期限十天 人民币(大写) 百 十 万 千 百 十 元 角 分 用途 上列款项请从 我账户内支付 出票人签章 复核 记账

(12) 18 日，向建设银行借入期限 6 个月的借款 100 000 元，用于生产周转(见表 3-15)。

表 3-15 **中国建设银行　借款凭证**

借款单位：　　　　　　　　　　　　　　年　月　日

贷款种类		账号										
贷款金额	人民币(大写)	千	百	十	万	千	百	十	元	角	分	
用途												
约定还款期限：期限 6 个月，贷款利率为 6%，于　　　　　到期												
上列贷款已转入借款人制定的账户 银行盖章(章)　　复核　　记账												

此联代收款人收账通知

(13) 20 日，收到联华商场偿还前欠货款的转账支票 14 040 元，东吴公司填制进账单之后连同支票一起交存银行，收到盖章退回的进账单回单联(见表 3-16)。

表 3-16 **中国建设银行进账单(收账通知)3**

年　月　日　　　　　　　　第　号

出票人	全　称		收款人	全　称										
	账　号			账　号										
	开户银行			开户银行										
人民币(大写)				千	百	十	万	千	百	十	元	角	分	
票据种类		票据张数		收款人开户银行签章										

此联是收款人开户行交给收款人收账通知

(14) 25 日，向沧南公司(税务登记号：465207678734686，开户行及账号：中国建设银行昌安支行 02243878678)电汇预付货款 20 000 元(见表 3-17)。

表 3-17 **中国建设银行　电汇凭证(回单)**

委托日期　　年　月　日

汇款人	全称				收款人	全称										
	账号或住址					账号或住址										
	汇出地点		汇出行名称			汇入地点		汇入行名称								
金额	人民币(大写)					千	百	十	万	千	百	十	元	角	分	
汇款用途：						汇出行盖章 年　月　日										
附加信息及用途：																
单位主管　会计　复核　记账																

此联是汇出行给汇款人的回单

(15) 26 日，分配结转本月职工工资 150 000 元，其中，生产工人工资 110 000 元，车间管理人员工资 21 500 元，行政管理人员工资 18 500 元，并按照工资总额的 14%计提福利费(见表 3-18、表 3-19)。

表 3-18 **工资费用分配汇总表**

年　　月　　日

车间、部门	应分配金额
车间生产人员工资	
车间管理人员工资	
销售人员工资	
厂部管理人员工资	
合　　计	

会计主管：　　　　　　　　　　　　制单人：

表 3-19 **职工福利费计提表**

年　　月　　日

车间、部门	工资总额	比例	福利费
车间生产人员工资			
车间管理人员工资			
销售人员工资			
厂部管理人员工资			
合　　计			

会计主管：　　　　　　　　　　　　制单人：

(16) 27 日，向东方木材城(税务登记号：371207677892346，开户行及账号：中国建设银行东方支行　01343867898)购进板材 200 方，每方 3 000 元，增值税率 17%，已开出转账支票支付(见表 3-20)。

表 3-20 **转 账 支 票**

<table>
<tr>
<td rowspan="3">中国建设银行
转账支票存根
No. 33888774
附加信息

出票日期　年　月　日
收款人：
金　额：
用　途：
单位主管　会计</td>
<td colspan="2">中国建设银行转账支票　No. 33888774
出票日期(大写)　年　月　日　付款行名称：
收款人：　出票人账号：</td>
</tr>
<tr>
<td rowspan="2">本支票付款期限十天</td>
<td>人民币
(大写)　百 十 万 千 百 十 元 角 分</td>
</tr>
<tr>
<td>用途
上列款项请从
我账户内支付
出票人签章　　复核　　记账</td>
</tr>
</table>

(17) 28日，预收华新商场转账支票一张，金额为12 800元的货款(见表3-21)。

表3-21 **转 账 支 票**

中国建设银行
转账支票存根
No. 13678930
附加信息

出票日期　　年　月　日
收款人：
金　额：
用　途：
单位主管　　会计

中国建设银行转账支票　　No. 13678930

出票日期(大写)　　年　　月　　日　　付款行名称：
收款人：　　　　　　　　　　　　　　出票人账号：

本支票付款期限十天

人民币(大写)	百	十	万	千	百	十	元	角	分

用途

上列款项请从
我账户内支付
出票人签章　　　　复核　　　记账

(18) 30日，出纳员开出转账支票一张，支付本月电话费，金额为1 220.80元(见表3-22)。

表3-22 **转 账 支 票**

中国建设银行
转账支票存根
No. 33888775
附加信息

出票日期　　年　月　日
收款人：
金　额：
用　途：
单位主管　　会计

中国建设银行转账支票　　No. 33888775

出票日期(大写)　　年　　月　　日　　付款行名称：
收款人：　　　　　　　　　　　　　　出票人账号：

本支票付款期限十天

人民币(大写)	百	十	万	千	百	十	元	角	分

用途

上列款项请从
我账户内支付
出票人签章　　　　复核　　　记账

(19) 31日，计提本月固定资产折旧费，其中，生产车间使用固定资产计提折旧为4 800元，管理部门使用固定资产计提折旧为1 700元(见表3-23)。

表3-23 **折旧费用分配表**

年　　月　　日

车间或部门	折旧额
生产车间	
管理部门	
合　　计	

会计主管：　　　　　　　　　　制单人：

(20) 31 日，结转本月销售商品成本(见表 3-24)。

表 3-24　**已销商品成本计算表**

年　　月　　日

产品名称	计量单位	数 量	单位成本	金 额
合 计				

3.2.2　任务要求

根据该公司 7 月发生的经济业务填制相应的原始凭证(见表 3-1～表 3-24)。

任务 4　原始凭证的审核

4.1　任务指导

4.1.1　原始凭证审核的内容

原始凭证必须审核无误后才能作为填制记账凭证的依据。根据原始凭证的填制要求，对原始凭证的审核包括真实性、完整性、规范性、正确性、连续性和及时性审核。

1. 真实性审核

真实性审核主要包括经济业务双方当事单位、当事人是否真实，经济业务的内容是否真实，经济业务是否符合有关财经法规的规定等。

2. 完整性审核

完整性审核主要包括原始凭证相应的基本内容是否填列完整，有关签章是否齐全等。

3. 规范性审核

规范性审核主要包括原始凭证中是否用蓝、黑墨水填列，文字的书写是否清楚，数字书写是否规范等。

4. 正确性审核

正确性审核主要包括原始凭证中数量、金额的计算是否正确等。

5. 连续性审核

连续性审核主要是指原始凭证的编号是否填列以及编号是否连续等。

6. 及时性审核

及时性审核主要是指原始凭证的填制及流转是否及时。

4.1.2 原始凭证错误的类型

1. 内容不真实

原始凭证内容不真实表现在原始凭证记录内容与经济业务的内容不相符，经济业务不符合有关法律法规等。

2. 项目不完整

原始凭证项目不完整表现在原始凭证各项目的填列不齐全，单位和个人签章有遗漏等。

3. 书写不规范

书写不规范表现在原始凭证中墨水的使用不规范，文字与数字的书写不规范，存在涂改痕迹等。

4. 计算不正确

原始凭证计算不正确是指原始凭证中货物或劳务的数量或金额的计算不正确。

5. 编号不连续

原始凭证编号不连续是指原始凭证没有进行编号或者编号存在漏号、跳号现象等。

6. 填制不及时

原始凭证填制不及时是指经济业务发生或结束时，没有及时填制相关的原始凭证。

4.1.3 原始凭证错误的处理

原始凭证经过审核后，会计人员应针对不同的类型进行相应的处理。

(1) 对于审核无误的原始凭证，会计人员应及时办理会计手续，据以编制记账凭证，并作为记账凭证的附件一起登账并存档。

(2) 对于内容不真实、不合法的原始凭证，会计人员有权不予接受，并如实向单位负责人报告。

(3) 对于项目填列不完整的原始凭证，会计人员应予以退回，并要求经办人员按规定补充填列完整。

(4) 对于书写不规范、计算不正确的原始凭证，会计人员应予以退回，并要求经办人员按规定进行更正，重新填列正确的原始凭证。

(5) 对于编号不连续的原始凭证，应查明是否存在凭证遗失和舞弊现象，如有舞弊行为应当向有关部门反映。

(6) 对于填制不及时的现象，会计人员或会计主管人员应当对相关人员提出及时填制的要求，并要求其将原始凭证及时流转。

4.2 任务训练

4.2.1 任务资料

东吴有限责任公司在 2011 年 8 月发生下列经济业务。

(1) 4 日，办公室职员张青交来发票一张，报销办公用品费(笔记本)200 元，填制费用报销单(见表 4-1)。

表 4-1 **费 用 报 销 单**

报销日期：2011 年 8 月 4 日　　　　附件 2 张

费用项目	类别	金额	负责人(签章)	
办公用品		200.00	审查意见	
			报销人	张青
合　　计		￥200.00	人民币 贰佰元整	
核实金额(大写)	⊗万 ⊗仟 贰 佰 零 拾 零 元零 角 零 分			￥200.00

稽核：　　　　出纳：张科

错误类型：

处理意见：

(2) 9 日，开出现金支票一张，提现 100 000 元，准备发放工资(见表 4-2)。

表 4-2 **现 金 支 票**

中国建设银行 现金支票存根 No. 33306461	
附加信息	
出票日期 2011 年 8 月 9 日	
收款人：东吴家具有限责任公司	
金　额：￥100 000.00	
用　途：提现备发工资	
单位主管　会计	

中国建设银行现金支票　　No. 33306461

出票日期(大写)贰零壹零年零贰月玖日　付款行名称：中国建设银行吴中支行

收款人：东吴家具有限责任公司　出票人账号：01236876621

本支票付款期限十天

人民币(大写)	百	十	万	千	百	十	元	角	分
壹拾万元整	￥	1	0	0	0	0	0	0	0

用途 提现备发工资

上列款项请从
我账户内支付
出票人签章　　　复核　　记账

错误类型：

处理意见：

(3) 10 日，东吴公司采购板材 50 立方米，单价 3 000 元，根据供应单位星河有限责任公司开具的增值税专用发票，材料采购款项共 175 500 元，其中，增值税额为 25 500 元，现用电汇方式支付货款。材料已经验收入库(见表 4-3、表 4-4)。

表 4-3 材料入库单

供应单位：星河有限责任公司　　2011 年 8 月 10 日　　编号：001

发票号：0008578365　　仓库：原料库

材料类别	材料名称	规格材质	计量单位	应收数量	实收数量	单价	金额 千	百	十	万	千	百	十	元	角	分
	木材	板材	立方米	50	50	3 000			15	0	0	0	0	0	0	0
				运杂费												
				合　计					1	5	0	0	0	0	0	0
备注																

第二联 记账联

采购员：张磊　　验收员：王丽　　记账员：赵超　　保管员：孙芳

错误类型：

处理意见：

表 4-4 中国建设银行 电汇凭证(回单)

委托日期 2011 年 8 月 10 日

汇款人	全称	东吴家具有限责任公司			收款人	全称	星河有限责任公司		
	账号或住址	01236876621				账号或住址	02456789011		
	汇出地点	××市	汇出行名称	中国建设银行吴中支行		汇入地点	××市	汇入行名称	中国工商银行东街支行

金额	千	百	十	万	千	百	十	元	角	分
人民币(大写)壹拾柒万伍仟伍佰元整		¥	1	7	5	5	0	0	0	0

汇款用途：支付货款

附加信息及用途：

单位主管　　会计　　复核　　记账

汇出行盖章　2011 年　8 月 10 日

此联是汇出行给汇款人的回单

错误类型：

处理意见：

(4) 11 日，销售员王涛预借差旅费 1 500 元并填制了借款单(见表 4-5)。

表 4-5 借　款　单

2011 年 8 月 11 日　　字第　　号

借款人		借款事由	
所属部门			
借款金额	金额(大写)	¥	
批准金额	金额(大写)	¥	

会计主管：　　出纳：　　借款人：

错误类型：

处理意见：

(5) 15 日，向本市振华公司(工行南环支行 03236876622)销售办公桌 10 套，每套 5 000 元，价税合计 58 500 元，开出普通发票并收取转账支票一张。出纳员填写进账单之后连同支票一起交存银行(见表 4-6、表 4-7)。

表 4-6　**商品销售统一发票**

客户名称：振华公司　　　　2011 年 8 月 15 日　　　　No. 0106564320

品名	规格	单位	数量	单价	金额							备注
					万	千	百	十	元	角	分	
办公桌		套	10	585	5	8	5	0	0	0	0	
合　计					5	8	5	0	0	0	0	
合计金额(大写)　⊗万 伍 仟 捌 佰 伍 拾 零 元零 角 零 分												

第三联　记账联

填票人：李达　　　　收款人：　王芳　　　　单位名称(盖章)

错误类型：

处理意见：

表 4-7　**中国建设银行进账单(收账通知)3**

2011 年 8 月 15 日　　　　第 032 号

出票人	全　称	大华公司	收款人	全　称	东吴家具有限责任公司
	账　号	03236876622		账　号	01236876621
	开户银行	工行南环支行		开户银行	中国建设银行吴中支行

人民币(大写)	千	百	十	万	千	百	十	元	角	分
				¥	5	8	5	0	0	0

票据种类	转账	票据张数	1	
票据号码				
单位主管　会计　复核　记账				收款人开户银行签章

此联是收款人开户行交给收款人收账通知

错误类型：

处理意见：

(6) 18 日，进行库存现金清查，发现库存现金短缺 100 元，原因待查(见表 4-8)。

表 4-8 **库存现金盘点报告表**

年　月　日

实存金额	账存金额	对比结果		备注
		盘盈	盘亏	
1 315.00	1 415.00		100.00	出纳员：王芳 领导签字：

盘点人签章：　　　　　　　　　　出纳员签章：王芳

错误类型：

处理意见：

(7) 22 日，生产领用板材 10 立方米，每方单价 3 000 元，已填制领料单(见表 4-9)。

表 4-9 **领　料　单**

领料部门：生产车间　　　　　　2011 年 8 月 22 日

材料类别	材料规格及名称	单位	数量		单价	金额
			请领	实发		
原料	板材	立方米	10	10	3 000	30 000.00
用途	生产	合计				

仓库负责人：×××　　　记账：李达　　　发料：×××　　　领料：×××

错误类型：

处理意见：

(8) 25 日，业务部销售员王涛出差回来，报销差旅费 1 350 元，退回多余现金。出纳员开出收据(见表 4-10、表 4-11)。

表 4-10 **现金收款收据**

2011 年 8 月 25 日　　　　No. 1200234

收款单位	东吴家具有限责任公司	交款单位	王涛
金额(人民币大写)：壹佰伍拾元整　　￥ 事由　出差报销退回多余现金			备注：

第三联　记账联

会计主管：周亮　　　　收款人：王芳　　　　收款单位(盖章)

错误类型：

处理意见：

表 4-11 **差旅费报销单**

部门：业务部　　　　　　　　2010 年 2 月 25 日　　　　　　　　附件 2 张

姓名		王科			出差事由			展销会			出差自 2011 年 8 月 11 日 至 2010 年 2 月 20 日				共 10 天	
起讫时间及地点						车船票		夜间乘车补助费			出差乘补费			住宿费	其他	
月	日	起	月	日	讫	类别	金额	时间	标准	金额	日数	标准	金额	金额	摘要	金额
2	11	江苏	2	11	A 市	客车	100							1 150		
2	20	A 市	2	20	江苏	客车	100									
小计							200							1 150		
合计金额(大写)：壹仟叁佰伍拾元整																
备注：预借 1 500　　核销 1 350　　退补 150																

会计主管：周亮　　　　　　　　出纳：王芳　　　　　　　　报销人：王涛

错误类型：

处理意见：

4.2.2　任务要求

要求对该公司填列的原始凭证进行审核，如果发现有误，指出错误类型并提出处理意见(见表 4-1～表 4-11)。

项目三　记账凭证的填制与审核

项目目标

1. 熟悉记账凭证的填制要求。
2. 正确选择和填制各种记账凭证。
3. 正确审核记账凭证。

任务 5　记账凭证的填制

5.1　任务指导

5.1.1　记账凭证的基本要素

记账凭证是会计人员根据审核无误的原始凭证按照经济业务事项的内容归类，并确定会计分录而编制的会计凭证，是登记账簿的依据。

各单位规模大小及其对会计核算繁简程度的要求不同，记账凭证的格式也有所不同，但应具备以下基本内容。

(1) 记账凭证的名称，如“收款凭证”、“付款凭证”、“转账凭证”、“通用凭证”。
(2) 记账凭证的日期。
(3) 记账凭证的编号。
(4) 经济业务的内容摘要。
(5) 会计科目的名称和金额。
(6) 所附原始凭证张数。
(7) 记账标记，即已登账的应在“记账”栏内打“√”号或签章。
(8) 记账凭证填制人员、出纳、记账人员、审核人员、会计主管等有关人员签章。

5.1.2　记账凭证的填制要求

1. 基本要求

记账凭证的各项内容必须填写完整，不得遗漏；书写应规范、清楚；不得将不同内容和类别的原始凭证汇总填制在一张记账凭证上。

2. 合理选择凭证种类

在采用收款凭证、付款凭证和转账凭证等专用凭证的情况下，凡是收取库存现金和银行存款的业务，填制收款凭证；凡是支付库存现金和银行存款的业务，填制付款凭证；凡是转账业务，填制转账凭证。但是涉及库存现金和银行存款之间的划转业务，只填制付款凭证，不填制收款凭证，以免重复记账。

3. 记账凭证必须连续编号

为了分清凭证处理的先后顺序，便于登账和进行账证核对，防止凭证的丢失，方便日后查找，会计人员应按月对记账凭证的每笔经济业务编号。每月从“1”开始顺序编号，不得跳号、重号。

(1) 在使用通用凭证时，可按经济业务发生的先后顺序编号，如记字第×号。

(2) 采用收款凭证、付款凭证和转账凭证的，可采用“字号编号法”，即按凭证类别顺序编号，如收字第×号、付字第×号、转字第×号等；也可采用“双重编号法”，即按总字顺序编号与按类别顺序编号相结合，如某收款凭证为“总字第××号，收字第×号”。

(3) 如一笔经济业务，需要编制多张记账凭证时，应按顺序采用“分数编号法”编号。比如，第 8 项经济业务需要编制两张记账凭证，则编号分别为 $8\frac{1}{2}$ 号、$8\frac{2}{2}$ 号；第 12 项经济业务需要编制三张记账凭证，则编号分别为 $12\frac{1}{3}$ 号、$12\frac{2}{3}$ 号、$12\frac{3}{3}$ 号。

(4) 为了便于监督，反映付款业务的会计凭证不得由出纳人员编号。

4. 日期的填写

凭证填写日期一般是会计人员填制记账凭证的当天日期，也可以根据管理需要，填写经济业务发生的日期或月末日期。

(1) 报销差旅费的记账凭证填写报销当日的日期。

(2) 库存现金收、付款记账凭证填写办理收、付现金的日期。

(3) 银行收款业务的记账凭证一般按会计部门收到银行进账单或银行回执的戳记日期填写；当实际收到的进账单日期与银行戳记日期相隔较远，或次月初收到上月的银行收、付款凭证，按财会部门实际办理转账业务的日期填写。

(4) 银行付款业务的记账凭证，一般以会计部门开出银行存款付出单据的日期或承付的日期填写。

(5) 月末结转的业务，按当月最后一天的日期填写。

5. 摘要的填写

记账凭证的摘要要真实准确，简明扼要，书写清晰。

6. 会计科目的填写

会计科目应填写统一会计制度规定的会计科目的全称或会计科目的全称和编号，不得简写或只填会计科目的编号而不填名称。需要填写明细科目的，应在“明细科目”栏填写相应的明细科目名称。

7. 金额的填写

在记账凭证的“合计”行填列合计金额，在合计数字前须填写人民币货币符号“￥”，但会计科目后的金额不需填写货币符号。一笔经济业务需填写多张记账凭证的，只在最末一张记账凭证的“合计”行填写合计金额。记账凭证的金额必须与原始凭证的金额相符。

8. 凭证附件

除结账和更正错误的记账凭证可以不附原始凭证外，其他的记账凭证必须附有原始凭证。原始凭证张数的计算一般以原始凭证的自然张数为准，用阿拉伯数字填写。

当一张原始凭证需要填制两张记账凭证时，可将原始凭证附在一张主要的记账凭证后面，在摘要栏说明“本凭证附件包括××号记账凭证业务”的字样，在其他记账凭证上注明“原始凭证在××号记账凭证后面”的字样。如果原始凭证需要另行保管，则应在附件栏目内加以注明。

9. 对空行的要求

记账凭证不得跳行。填制完毕的记账凭证如有空行的，应当从金额栏最后一笔金额数字下的空行处至合计数上的空行处划一斜线注销，但注意斜线两端不能划到有金额数字的行次上。

10. 错误凭证的更正

(1) 填制的记账凭证发生错误，若尚未登账，应重新填制。

(2) 填制的记账凭证发生错误，若已登账，但在当年内发现错误时，应用红字填写一张与原内容相同的记账凭证，同时再用蓝字填制一张正确的记账凭证。若只是金额多记或少记的错误，也可将正确金额和错误金额之间的差额用红字(多记)或蓝字(少记)另编一张调整的记账凭证。

(3) 若发现以前年度的记账凭证有错误的，应用蓝字填制一张更正的记账凭证。

5.2 任务训练

5.2.1 任务资料

企业名称：东方有限责任公司

会计主管：刘记　　记账：周超　　出纳：王芳　　制单：李冶　　复核：赵丹红

东方有限责任公司为一般纳税人，2011 年 8 月发生下列经济业务。

(1) 1 日，财务科出纳员开出现金支票一张，从银行提取现金 3 000 元备用。

(2) 3 日，销售部宋思出差向财务部预借差旅费 3 000 元，出纳员审核无误后以现金付讫。

(3) 5 日，购入甲材料 1 000 千克，单价 10 元，增值税税率 17%，材料未到，货款开出转账支票支付。

(4) 6 日，向长发商场销售 A 产品 500 件，每件售价 1 000 元，增值税税率 17%；销售 B 产品 1 000 件，每件售价 60 元，增值税税率 17%。当日收到商场的转账支票 1 张，并送存银行。

(5) 8 日，5 日购入的甲材料运到并验收入库。

(6) 10 日，用银行存款预付供货单位虹多公司购材料款 20 000 元。

(7) 10 日，开出转账支票 1 张，支付前欠明生公司货款 50 000 元。

(8) 12 日，业务部宋思出差回来，根据报销单和相关发票报销差旅费 2 800 元，退回现金 200 元。

(9) 15 日，生产车间生产 A 产品领用甲材料 200 千克。

(10) 16 日，发生坏账损失 1 800 元。

(11) 18 日，开出转账支票支付广告费用 40 000 元。

(12) 19 日，向中国建设银行借入期限为 5 个月的借款 80 000 元。

(13) 21 日，以库存现金支付销售产品的运杂费 300 元。

(14) 22 日，以银行存款支付办公用品费 600 元。

(15) 25 日，分配结转本月职工工资 200 000 元，其中，生产工人工资 120 000 元，车间管理人员工资 30 000 元，行政管理人员工资 50 000 元。

(16) 28 日，结转本月销售 A、B 产品的成本。A 产品单位成本为 700 元，B 产品单位成本为 40 元。

(17) 31 日，计算应缴城市维护建设税 1 200 元。

(18) 31 日，计提本月短期借款利息费用 500 元。

(19) 31 日，计提本月固定资产折旧费 50 000 元，其中，生产车间计提折旧 40 000 元，管理部门计提折旧 10 000 元。

(20) 31 日，以银行存款购买不需安装的生产设备一台，买价 50 000 元，增值税 8 500 元，设备已交付使用。

5.2.2 任务要求

根据上述经济业务编制记账凭证(见表 5-1～表 5-21)。

表 5-1 **付　款　凭　证**

贷方科目：　　　　　　　　年　　月　　日　　　　　　　　字第　　号

摘　　要	借方科目		金　额								
	总账科目	明细科目	百	十	万	千	百	十	元	角	分
合　计											

附件　张

会计主管：　　　记账：　　　复核：　　　出纳：　　　制单：

表 5-2 **付　款　凭　证**

贷方科目：　　　　　　　　　　年　　月　　日　　　　　　　　　　字第　　号

摘　要	借方科目		金　额								
	总账科目	明细科目	百	十	万	千	百	十	元	角	分
合　计											

附件　张

会计主管：　　　记账：　　　复核：　　　出纳：　　　制单：

表 5-3 **付　款　凭　证**

贷方科目：　　　　　　　　　　年　　月　　日　　　　　　　　　　字第　　号

摘　要	借方科目		金　额								
	总账科目	明细科目	百	十	万	千	百	十	元	角	分
合　计											

附件　张

会计主管：　　　记账：　　　复核：　　　出纳：　　　制单：

表 5-4 **收　款　凭　证**

借方科目：　　　　　　　　　　年　　月　　日　　　　　　　　　　字第　　号

摘　要	贷方科目		金　额								
	总账科目	明细科目	百	十	万	千	百	十	元	角	分
合　计											

附件　张

会计主管：　　　记账：　　　复核：　　　出纳：　　　制单：

表 5-5 **转　账　凭　证**

年　　月　　日　　　　　　　　　　字第　　号

摘要	会计科目	明细科目	借方金额										贷方金额									
			千	百	十	万	千	百	十	元	角	分	千	百	十	万	千	百	十	元	角	分
合　计																						

附件　张

会计主管：　　记账：　　复核：　　制单：

表 5-6 **付　款　凭　证**

贷方科目：　　　　年　　月　　日　　　　字第　　号

摘　要	借方科目		金　额								
	总账科目	明细科目	百	十	万	千	百	十	元	角	分
合　计											

附件　张

会计主管：　　记账：　　复核：　　出纳：　　制单：

表 5-7 **付　款　凭　证**

贷方科目：　　　　年　　月　　日　　　　字第　　号

摘　要	借方科目		金　额								
	总账科目	明细科目	百	十	万	千	百	十	元	角	分
合　计											

附件　张

会计主管：　　记账：　　复核：　　出纳：　　制单：

表 5-8 收 款 凭 证

借方科目：　　　　　　　　　　年　　月　　日　　　　　　　　字第　　号

摘　　要	贷方科目		金　　额								
	总账科目	明细科目	百	十	万	千	百	十	元	角	分
合　　计											

附件　张

会计主管：　　　　记账：　　　　复核：　　　　出纳：　　　　制单：

表 5-9 转 账 凭 证

年　　月　　日　　　　　　　　字第　　号

摘要	会计科目	明细科目	借方金额										贷方金额									
			千	百	十	万	千	百	十	元	角	分	千	百	十	万	千	百	十	元	角	分
合　　计																						

附件　张

会计主管：　　　　记账：　　　　复核：　　　　制单：

表 5-10 转 账 凭 证

年　　月　　日　　　　　　　　字第　　号

摘要	会计科目	明细科目	借方金额										贷方金额									
			千	百	十	万	千	百	十	元	角	分	千	百	十	万	千	百	十	元	角	分
合　　计																						

附件　张

会计主管：　　　　记账：　　　　复核：　　　　制单：

表 5-11 **转　账　凭　证**

年　　月　　日　　　　字第　　号

摘要	会计科目	明细科目	借方金额										贷方金额									
			千	百	十	万	千	百	十	元	角	分	千	百	十	万	千	百	十	元	角	分
合　计																						

附件　张

会计主管：　　记账：　　复核：　　制单：

表 5-12 **付　款　凭　证**

贷方科目：　　年　　月　　日　　字第　　号

摘　要	借方科目		金　额								
	总账科目	明细科目	百	十	万	千	百	十	元	角	分
合　计											

附件　张

会计主管：　　记账：　　复核：　　出纳：　　制单：

表 5-13 **收　款　凭　证**

借方科目：　　年　　月　　日　　字第　　号

摘　要	贷方科目		金　额								
	总账科目	明细科目	百	十	万	千	百	十	元	角	分
合　计											

附件　张

会计主管：　　记账：　　复核：　　出纳：　　制单：

表 5-14 **付 款 凭 证**

贷方科目： 年 月 日 字第 号

摘要	借方科目		金额								
	总账科目	明细科目	百	十	万	千	百	十	元	角	分
合计											

附件 张

会计主管： 记账： 复核： 出纳： 制单：

表 5-15 **付 款 凭 证**

贷方科目： 年 月 日 字第 号

摘要	借方科目		金额								
	总账科目	明细科目	百	十	万	千	百	十	元	角	分
合计											

附件 张

会计主管： 记账： 复核： 出纳： 制单：

表 5-16 **转 账 凭 证**

年 月 日 字第 号

摘要	会计科目	明细科目	借方金额										贷方金额									
			千	百	十	万	千	百	十	元	角	分	千	百	十	万	千	百	十	元	角	分
合计																						

附件 张

会计主管： 记账： 复核： 制单：

表 5-17 **转　账　凭　证**

年　　月　　日　　　　　　　　　字第　　号

摘要	会计科目	明细科目	借方金额										贷方金额									
			千	百	十	万	千	百	十	元	角	分	千	百	十	万	千	百	十	元	角	分
合　计																						

附件　张

会计主管：　　　　记账：　　　　复核：　　　　制单：

表 5-18 **转　账　凭　证**

年　　月　　日　　　　　　　　　字第　　号

摘要	会计科目	明细科目	借方金额										贷方金额									
			千	百	十	万	千	百	十	元	角	分	千	百	十	万	千	百	十	元	角	分
合　计																						

附件　张

会计主管：　　　　记账：　　　　复核：　　　　制单：

表 5-19 **转　账　凭　证**

年　　月　　日　　　　　　　　　字第　　号

摘要	会计科目	明细科目	借方金额										贷方金额									
			千	百	十	万	千	百	十	元	角	分	千	百	十	万	千	百	十	元	角	分
合　计																						

附件　张

会计主管：　　　　记账：　　　　复核：　　　　制单：

表 5-20 **转 账 凭 证**

年 月 日　　　　字第 号

摘要	会计科目	明细科目	借方金额										贷方金额									
			千	百	十	万	千	百	十	元	角	分	千	百	十	万	千	百	十	元	角	分
合 计																						

附件 张

会计主管：　　记账：　　复核：　　制单：

表 5-21 **付 款 凭 证**

贷方科目：　　年 月 日　　字第 号

摘 要	借 方 科 目		金 额								
	总账科目	明细科目	百	十	万	千	百	十	元	角	分
合 计											

附件 张

会计主管：　　记账：　　复核：　　出纳：　　制单：

任务 6 记账凭证的审核

6.1 任务指导

6.1.1 记账凭证审核的内容

为了保证会计信息的质量，填制好的记账凭证，必须经过其他会计人员认真的审核。记账凭证审核的内容主要有如下几项。

1．内容是否真实

审核记账凭证是否附有原始凭证，记录的经济业务是否与原始凭证所反映的内容相符，内容是否真实。

2．项目是否齐全

记账凭证的各项内容是否按要求填写完整，摘要是否填写清楚，凭证日期、编号、摘要、会计科目、金额、附件张数及有关人员的签章是否齐全。

3. 科目是否正确

审核记账凭证借方、贷方的会计科目是否正确，是否符合会计制度的规定，账户的对应关系是否清晰等。

4. 金额是否正确

审核记账凭证上的金额与原始凭证是否一致，计算是否正确等。

5. 书写是否规范

审核记账凭证的记录是否文字工整、清晰，金额书写是否规范，是否按规定进行更正等。

6.1.2　记账凭证审核后的处理

(1) 在凭证审核过程中，若发现记账凭证的填制有差错或者填列不完整，应及时查明原因，按规定方法及时处理和更正。只有经过审核无误的记账凭证，才能据以登记账簿。

(2) 如果发现尚未入账的错误记账凭证，应当用重新填制的正确凭证替换原错误的记账凭证。

6.2　任务训练

6.2.1　任务资料

企业名称：东方有限责任公司

会计主管：刘记　　记账：周超　　出纳：王芳　　制单：李冶　　复核：赵丹红

2011 年 9 月，东方有限责任公司财务部门在登账前，审核发现该公司本月编制的部分记账凭证有误。

(1) 2 日，开出现金支票一张，向银行提取现金 2 000 元备用(见表 6-1)。

表 6-1　**收　款　凭　证**

借方科目：库存现金　　　　2011 年 9 月 2 日　　　　现收字第 1 号

摘　要	贷方科目		金　额								
	总账科目	明细科目	百	十	万	千	百	十	元	角	分
提现备用	银行存款					2	0	0	0	0	0
合　计					¥	2	0	0	0	0	0

附件 1 张

会计主管：刘记　　记账：周超　　复核：赵丹红　　出纳：王芳　　制单：李冶

(2) 5 日，用转账支票向希望工程捐款 100 000 元(见表 6-2)。

表 6-2 **付 款 凭 证**

贷方科目：银行存款　　　　2010 年 9 月 5 日　　　　银付字第 3 号

摘要	借方科目		金额									
	总账科目	明细科目	百	十	万	千	百	十	元	角	分	附件2张
向希望工程捐款	营业外支出	捐款		1	0	0	0	0	0	0	0	
合计				1	0	0	0	0	0	0	0	

会计主管：刘记　　记账：周超　　复核：赵丹红　　出纳：王芳　　制单：李治

(3) 8 日，业务员宋克出差归来，报销差旅费 1 000 元，原预借 1 000 元(见表 6-3)。

表 6-3 **转 账 凭 证**

2011 年 9 月 8 日　　　　转字第 4 号

摘要	会计科目	明细科目	借方金额										贷方金额										
			千	百	十	万	千	百	十	元	角	分	千	百	十	万	千	百	十	元	角	分	附件2张
差旅费报销	管理费用	差旅费				¥	1	0	0	0	0	0											
	其他应收款	宋克														¥	1	0	0	0	0	0	
合计						¥	1	0	0	0	0	0				¥	1	0	0	0	0	0	

会计主管：刘记　　记账：周超　　复核：赵丹红　　制单：李治

(4) 12 日，结转 A 产品销售成本 6 000 元(见表 6-4)。

表 6-4 **转 账 凭 证**

2011 年 9 月 21 日　　　　转字第 6 号

摘要	会计科目	明细科目	借方金额										贷方金额										
			千	百	十	万	千	百	十	元	角	分	千	百	十	万	千	百	十	元	角	分	附件2张
结转销售成本	生产成本						6	0	0	0	0	0											
	库存商品																6	0	0	0	0	0	
合计						¥	6	0	0	0	0	0				¥	6	0	0	0	0	0	

会计主管：刘记　　记账：周超　　复核：赵丹红　　制单：李治

(5) 15 日，开出转账支票一张，以支付保险费用 4 000 元(见表 6-5)。

表 6-5 **付　款　凭　证**

贷方科目：银行存款　　　　2011 年 9 月 15 日　　　　银付字第 7 号

摘　要	借方科目		金　额									
	总账科目	明细科目	百	十	万	千	百	十	元	角	分	附件2张
支付保险费	管理费用	保险费			4	0	0	0	0	0	0	
合　计				¥	4	0	0	0	0	0	0	

会计主管：刘记　　记账：周超　　复核：赵丹红　　出纳：王芳　　制单：李冶

(6) 18 日，销售 A 产品一批，售价 50 000 元，增值税 8 500 元，货款未收(见表 6-6)。

表 6-6 **转　账　凭　证**

2011 年 9 月 18 日　　　　转字第 9 号

摘要	会计科目	明细科目	借方金额										贷方金额										
			千	百	十	万	千	百	十	元	角	分	千	百	十	万	千	百	十	元	角	分	附件2张
销售产品	银行存款					5	8	5	0	0	0	0											
	主营业务收入															5	0	0	0	0	0	0	
	应缴税费	应缴增值税(进项税额)																8	5	0	0	0	
合　计					¥	5	8	5	0	0	0	0			¥	5	8	5	0	0	0	0	

会计主管：刘记　　记账：周超　　复核：赵丹红　　制单：李冶

(7) 22 日，计提本月短期借款利息 800 元(见表 6-7)。

表 6-7 **转　账　凭　证**

2011 年 9 月 22 日　　　　转字第 12 号

摘要	会计科目	明细科目	借方金额										贷方金额										
			千	百	十	万	千	百	十	元	角	分	千	百	十	万	千	百	十	元	角	分	附件1张
计提利息	财务费用	利息						8	0	0	0	0											
	短期借款																	8	0	0	0	0	
合　计							¥	8	0	0	0	0					¥	8	0	0	0	0	

会计主管：刘记　　记账：　　复核：赵丹红　　制单：

(8) 25 日，业务员王可乐出差归来，报销差旅费 1 800 元，退回多余现金 200 元。记账凭证见表 6-8。

表 6-8 **转 账 凭 证**

2011 年 9 月 25 日　　　　转字第 18 号

摘要	会计科目	明细科目	借方金额										贷方金额									
			千	百	十	万	千	百	十	元	角	分	千	百	十	万	千	百	十	元	角	分
差旅费报销	管理费用	差旅费					1	8	0	0	0	0										
	库存现金							2	0	0	0	0										
	其他应收款	王可乐															2	0	0	0	0	0
合　计						¥	2	0	0	0	0	0				¥	2	0	0	0	0	0

附件 2 张

会计主管：　　　　记账：周超　　　　复核：赵丹红　　　　制单：李冶

6.2.2 任务要求

审核上述记账凭证，指出错误之处，并填制正确的记账凭证(见表 6-9～表 6-17)。

表 6-9 **付 款 凭 证**

贷方科目：　　　　年　月　日　　　　字第　号

摘　要	借方科目		金　额								
	总账科目	明细科目	百	十	万	千	百	十	元	角	分
合　计											

附件　张

会计主管：　　　记账：　　　复核：　　　出纳：　　　制单：

表 6-10 **付 款 凭 证**

贷方科目：　　　　年　月　日　　　　字第　号

摘　要	借方科目		金　额								
	总账科目	明细科目	百	十	万	千	百	十	元	角	分
合　计											

附件　张

会计主管：　　　记账：　　　复核：　　　出纳：　　　制单：

表 6-11 转 账 凭 证

年 月 日 字第 号

摘要	会计科目	明细科目	借方金额										贷方金额									
			千	百	十	万	千	百	十	元	角	分	千	百	十	万	千	百	十	元	角	分
合 计																						

附件 张

会计主管： 记账： 复核： 制单：

表 6-12 转 账 凭 证

年 月 日 字第 号

摘要	会计科目	明细科目	借方金额										贷方金额									
			千	百	十	万	千	百	十	元	角	分	千	百	十	万	千	百	十	元	角	分
合 计																						

附件 张

会计主管： 记账： 复核： 制单：

表 6-13 付 款 凭 证

贷方科目： 年 月 日 字第 号

摘 要	借 方 科 目		金 额								
	总账科目	明细科目	百	十	万	千	百	十	元	角	分
合 计											

附件 张

会计主管： 记账： 复核： 出纳： 制单：

表 6-14 **转 账 凭 证**

年 月 日 字第 号

摘要	会计科目	明细科目	借方金额										贷方金额										
			千	百	十	万	千	百	十	元	角	分	千	百	十	万	千	百	十	元	角	分	附件 张
合 计																							

会计主管： 记账： 复核： 制单：

表 6-15 **转 账 凭 证**

年 月 日 字第 号

摘要	会计科目	明细科目	借方金额										贷方金额										
			千	百	十	万	千	百	十	元	角	分	千	百	十	万	千	百	十	元	角	分	附件 张
合 计																							

会计主管： 记账： 复核： 制单：

表 6-16 **转 账 凭 证**

年 月 日 字第 号

摘要	会计科目	明细科目	借方金额										贷方金额										
			千	百	十	万	千	百	十	元	角	分	千	百	十	万	千	百	十	元	角	分	附件 张
合 计																							

会计主管： 记账： 复核： 制单：

表6-17 **收 款 凭 证**

借方科目：　　　　　　　　年　月　日　　　　　　　　字第　号

摘要	贷方科目		金额								
	总账科目	明细科目	百	十	万	千	百	十	元	角	分
合计											

附件　张

会计主管：　　　记账：　　　复核：　　　出纳：　　　制单：

项目四　账簿的登记

项目目标

1. 熟悉日记账、总分类账和明细账的格式。
2. 会登记日记账、总分类账和明细账。
3. 掌握错账的更正方法。
4. 能对日记账、总分类账和明细账正确结账。

任务7　账簿的设置与登记

7.1　任务指导

企业、事业单位等应当依据《中华人民共和国会计法》(以下简称《会计法》)的有关规定，依法设置会计账簿。会计账簿是指由一定格式的账页组成，以会计凭证为依据，全面、系统、连续地记录各项经济业务的簿籍。登记账簿是会计核算工作的中心环节。

7.1.1　账簿的设置原则与要求

对从事生产、经营的各类纳税人，都要按规定设置账簿，但各单位规模和组织形式不同，经济业务性质不同，因而设置账簿种类和账页格式时，要满足本单位会计核算的需要，符合生产经营的特点。一般来说，账簿的设置应遵循以下原则。

1. 符合会计法规的要求

《会计法》规定，各单位发生的所有经济业务事项应当在依法设置的账簿中进行登记、核算，不得违反《会计法》和会计制度私设账簿。

2. 满足经济管理和会计核算的实际需要

各单位应根据本单位的经营特点和经济管理需要来确定设置的账簿，既不重复也不过分简化。一般都应设置日记账、明细账和总分类账。

3. 反映的核算指标要统一

各单位应按照国家会计准则的规定和各单位实际经济业务来确定账簿所记录的内容，为会计信息使用者提供所需的各项数据资料。

7.1.2　账簿的登记规则

按照《会计法》的规定，会计账簿登记应当以经过审核的会计凭证为依据。所以，经过审核的会计凭证是登记会计账簿的法定依据。账簿登记有以下规则要求。

(1) 登记账簿时，应当将会计凭证的日期、编号、业务内容摘要、金额和其他有关资料逐项记入账内，做到数字准确、摘要清楚、登记及时、字迹工整。

(2) 账簿登记完毕，记账人员要在记账凭证上签名或者盖章，并注明已经登账的符号(如打“√”)，避免漏记、重记。

(3) 登记账簿时，要用蓝黑墨水或者碳素墨水书写，不得用圆珠笔(银行的复写账簿除外)或者铅笔书写。红色墨水只能适用于下列情况。

① 按照红字冲账的记账凭证，冲销错误记录。

② 在不设借贷等栏的多栏式账页中，登记减少数。

③ 在三栏式账户的余额栏前，如未印明余额方向的，在余额栏内登记负数余额。

④ 根据国家统一的会计制度的规定可以用红字登记的其他会计记录。

(4) 各种账簿要按账页顺序连续登记，不得跳行、隔页。如发生跳行、隔页，应将空行、空页划线注销，或注明“此行空白”或“此页空白”字样，并由记账人员签名或盖章。

(5) 记账要保持清晰、整洁，记账文字和数字要端正、清楚、书写规范，书写高度一般占账簿格距的二分之一，以便留有改错的空间。

(6) 凡需结出余额的账户，应当定期结出余额。结出余额后，应在“借或贷”栏内写明“借”或“贷”的字样，以反映余额的方向。没有余额的账户，应在该栏内写“平”字并在余额栏内用“0”表示。

(7) 每登记满一张账页结转下页时，应当结出本页合计数和余额，写在本页最后一行和下页第一行有关栏内，并在本页的摘要栏内注明“转后页”字样，在次页的摘要栏内注明“承前页”字样。对需要结计本月发生额的账户，结计“转次页”的本页合计数应当为自本月初至本页末止的发生额合计数；对需要结计本年累计发生额的账户，结计“转次页”的本页合计数应当为自本年初至本页末止的发生额合计数；对既不需要结计本月发生额也不需要结计本年累计发生额的账户，可以只将每页末的余额结转次页。

7.1.3　账簿的格式和登记方法

1. 日记账的格式和登记方法

(1) 库存现金日记账的格式和登记方法。库存现金日记账是用来核算和监督库存现金每天的收入、支出和结存情况的账簿。该账簿一般采用订本式和三栏式的账簿，账页的基本格式为“收入”、“支出”和“余额”三栏。

库存现金日记账由出纳人员根据库存现金收、付款凭证，按时间顺序逐日逐笔进行登记。“收入”栏一般根据库存现金收款凭证登记，“支出”栏一般根据库存现金付款凭证登记。由于从银行提取现金，只填制付款凭证，所以从银行提取现金后收入的现金，应根据银行存款付款凭证登记“收入”栏。根据“上日余额+本日收入-本日支出=本日余额”的公式，逐日结出库存现金余额，与库存现金实存数核对，以检查每日库存现金收付是否有误。

(2) 银行存款日记账的格式和登记方法。银行存款日记账是用来核算和监督银行存款每日的收入、支出和结余情况的账簿。该账簿一般采用订本式和三栏式的账簿。

银行存款日记账由出纳人员根据银行存款收、付款凭证，按时间顺序逐日逐笔进行登记。“收入”栏一般根据银行存款收款凭证登记，“支出”栏一般根据银行存款付款凭证登记。由于把现金存入银行，只填制付款凭证，所以把现金存入银行收入的银行存款，应根据库存现金付款凭证登记“收入”栏。银行存款每日终了，应结出账簿余额，并定期同银行转来的对账单逐笔进行核对。月末终了，如果核对不符，应及时查明原因，并编制“银行存款余额调节表”。

2. 总分类账的格式和登记方法

总分类账是根据总分类账户分类登记，以反映总括会计信息的账簿。总分类账所提供的核算资料是编制会计报表的主要依据，任何单位都必须设置总分类账。总分类账最常用的格式为三栏式，设置借方、贷方和余额三个基本金额栏目。总分类账应采用订本式账簿。

总分类账登记的方法，主要有两种：逐笔登记法和汇总登记法。实务中采用哪种方法登记总分类账，取决于企业所采用的账务处理程序。不论采用哪种方法登记总分类账，每月都应将本月发生的经济业务全部登记入账，并于月份终了结算出每个账户的本期借贷方发生额及其余额，与所属明细账余额的合计数核对相符后，作为编制会计报表的主要依据。

(1) 逐笔登记法。采用逐笔登记法，企业会计人员直接根据记账凭证逐笔连续地登记。月终，在全部经济业务登记入账后，结出各账户的本期发生额和期末余额。逐笔登记法的具体步骤如下。

① 将记账凭证的日期记入相应账户的“年、月、日”栏。

② 将记账凭证的编号计入“凭证号数”栏。

③ 填写“摘要”栏。

④ 把应借、应贷金额填入该账户的“借方”或“贷方”栏。

⑤ 每笔经济业务登记后结出余额。

(2) 汇总登记法。采用汇总登记法，企业会计人员先把各种记账凭证，通过一定的方式汇总编制成汇总记账凭证或科目汇总表，再据以登记。汇总记账凭证和科目汇总表编制的间隔时间应根据各企业业务量的大小而定，一般不宜过长。汇总登记法的基本步骤如下。

① 定期编制汇总记账凭证或科目汇总表。

② 根据汇总记账凭证或科目汇总表登记总分类账。总分类账的日期为每一张汇总记账凭证或科目汇总表的编制时间，即汇总的最后一天；摘要注明汇总期间，如“1～10日发生额”；把应借、应贷金额填入借方金额和贷方金额，并结出余额。

3. 明细分类账的格式与登记方法

明细分类账是根据二级账户或明细账户开设账页，分类、连续地登记经济业务以提供明细核算资料的账簿。明细分类账格式主要有三栏式、多栏式、数量金额式等几种。登记方法是由记账人员根据收款凭证、付款凭证、转账凭证和原始凭证，按照交易或事项发生的时间顺序逐笔登记。

(1) 三栏式明细分类账簿。三栏式明细分类账簿在账页中设置“借方”、“贷方”、和“余额”三栏，分别登记账户的增减发生额及其余额。它适用于只需要进行金额核算，不需要进行数量核算的结算类科目的明细分类核算，例如，对“应收账款”、“应收票据”、“预收账款”、

“应付账款”、“预付账款”等不需要进行数量核算的债权债务明细账户。

(2) 多栏式明细账簿。多栏式明细账簿的账页按照明细科目或明细项目分设若干专栏，以在同一账页上集中反映各有关明细科目或某明细科目各明细项目的金额。它适用于那些要求对金额进行分析的有关费用成本、收入成果类科目的明细分类核算，例如，对“生产成本”、“管理费用”、“制造费用”、“主营业务收入”等科目的明细核算。

(3) 数量金额式明细分类账簿。数量金额式明细分类账簿，一般在“借方(收入)、贷方(发出)和余额(结存)”栏目下还分别设有“数量、单价、金额”三个专栏，用来登记财产物资的收入、发出和结存的数量和金额。它适用于既要进行金额核算，又要进行数量核算的各种财产物资类科目的明细分类核算，例如，对“原材料”、“库存商品”等科目的明细分类核算。

7.2 任务训练

7.2.1 任务资料

(1) 宏发公司2011年12月1日各总分类账户余额(见表7-1)。

表7-1 **总 分 类 账** 单位：元

账户名称	借方余额	账户名称	贷方余额
库存现金	9 000	短期借款	200 000
银行存款	820 000	应付票据	8 200
应收账款	64 500	应付账款	86 200
其他应收款	3 000	坏账准备	7 400
原材料	13 380	累计折旧	18 200
生产成本	7 695	实收资本	1 000 000
库存商品	200 000	盈余公积	12 600
固定资产	312 020	利润分配	96 995
合计	1 429 595	合计	1 429 595

(2) 宏发公司2011年12月1日有关明细账的余额(见表7-2～表7-4)。

表7-2 **应 付 账 款 明 细 账** 单位：元

总科目	明细科目	金额
应付账款	松和公司	56 200
	兴华公司	30 000
合计		86 200

表7-3 **原 材 料 明 细 账** 单位：元

品名	计量单位	数量	单价	金额
甲材料	千克	90	62.00	5 580
乙材料	千克	300	26.00	7 800
合计				13 380

表 7-4 **生产成本明细账**

单位：元

总科目	明细科目	金额
生产成本	A 产品	2 895
	B 产品	4 800
合计		7 695

(3) 宏发公司 2011 年 12 月发生如下业务：

① 2011 年 12 月 1 日，开出转账支票归还兴华公司前欠货款 30 000 元。

② 2011 年 12 月 2 日，收到天圆公司前欠货款 52 000 元。

③ 2011 年 12 月 3 日，车间一般耗用领用甲材料 10 千克，单价 62 元。

④ 2011 年 12 月 4 日，向华富公司销售 A 产品 1 000 件，单价 150 元，增值税 17%，货款尚未收到。

⑤ 2011 年 12 月 6 日，采购部李明报销差旅费 2 800 元，退回多余现金 200 元。

⑥ 2011 年 12 月 7 日，办公室购买办公用品 800 元，以银行存款支付。

⑦ 2011 年 12 月 8 日，生产部门领用甲材料 50 千克，单价 62 元；乙材料 80 千克，单价 26 元，用于生产 A 产品。

⑧ 2011 年 12 月 10 日，向志远公司销售 B 产品 600 件，单价 300 元，增值税 17%，价税款存入银行。

⑨ 2011 年 12 月 12 日，向兴华公司购入甲材料 80 千克，单价 62 元，增值税 17%。材料已验收入库，货款未付。

⑩ 2011 年 12 月 14 日，以银行存款支付水电费 7 380 元，其中车间 6 480 元，办公室 900 元。

⑪ 2011 年 12 月 15 日，向兴华公司购入乙材料 120 千克，单价 26 元，增值税 17%。材料已验收入库，货款未付。

⑫ 2011 年 12 月 15 日，计提工资 180 000 元，其中 A 产品生产工人工资 40 000 元，B 产品生产工人工资 48 400 元，车间管理人员职工工资 10 000 元，行政管理部门职工工资 81 600 元。

⑬ 2011 年 12 月 15 日，提取现金 180 000 元准备发工资。

⑭ 2011 年 12 月 15 日，用现金发放工资。

⑮ 2011 年 12 月 16 日，生产部门领用甲材料 100 千克，单价 62 元；乙材料 300 千克，单价 26 元，用于生产 B 产品。

⑯ 2011 年 12 月 18 日，以银行存款向希望工程捐赠 10 000 元。

⑰ 2011 年 12 月 21 日，以银行存款偿还前欠松和公司 50 000 元。

⑱ 2011 年 12 月 24 日，以银行存款偿还前欠兴华公司 5 803.20 元。

⑲ 2011 年 12 月 27 日，收到华富公司前欠货款 175 500 元，存入银行。

⑳ 2011 年 12 月 31 日，计提本月固定资产折旧 7 600 元，其中车间固定资产折旧 5000 元，管理部门固定资产折旧 2 600 元。

㉑ 2011 年 12 月 31 日，将本月制造费用总额按生产工人工资比例分配计入 A、B 产品中。

㉒ 2011 年 12 月 31 日，A 产品 1 150 件和 B 产品 610 件全部完工入库，按其实际生产成本转账，A 产品单位成本 50.5 元，B 产品单位成本 130 元。

㉓ 2011 年 12 月 31 日，结转销售的 A 产品和 B 产品的成本 125 000 元，其中 A 产品

50 000 元，B 产品 75 000 元。

㉔ 2011 年 12 月 31 日，计提利息费用 1 800 元。

㉕ 2011 年 12 月 31 日，将本年收益类和费用类账户结转到“本年利润”账户。

㉖ 2011 年 12 月 31 日，按 25%的税率计算本月应缴的所得税。

㉗ 2011 年 12 月 31 日，将所得税费用结转到“本年利润”账户。

㉘ 2011 年 12 月 31 日，将本年实现的净利润转入“利润分配—未分配利润”账户。

7.2.2 任务要求

(1) 根据上述业务填制记账凭证(见表 7-5～表 7-36)。

(2) 根据记账凭证逐笔登记银行存款日记账(见表 7-37)。

(3) 根据记账凭证逐笔登记“应付账款”、“原材料”和“管理费用”总账(见表 7-38～表 7-40)。

(4) 根据上述资料登记“应付账款”、“原材料”和“管理费用”明细分类账(见表 7-41～表 7-43)。

表 7-5 **付 款 凭 证**

贷方科目：　　　　年　月　日　　　　字第　号

摘要	借方科目		金额								
	总账科目	明细科目	百	十	万	千	百	十	元	角	分
合计											

附件　张

会计主管：　记账：　复核：　出纳：　制单：

表 7-6 **收 款 凭 证**

借方科目：　　　　年　月　日　　　　字第　号

摘要	贷方科目		金额								
	总账科目	明细科目	百	十	万	千	百	十	元	角	分
合计											

附件　张

会计主管：　记账：　复核：　出纳：　制单：

表 7-7 转 账 凭 证

年 月 日　　　　　　字第 号

摘要	会计科目	明细科目	借方金额										贷方金额									
			千	百	十	万	千	百	十	元	角	分	千	百	十	万	千	百	十	元	角	分
合 计																						

附件 张

会计主管：　　记账：　　复核：　　制单：

表 7-8 转 账 凭 证

年 月 日　　　　　　字第 号

摘要	会计科目	明细科目	借方金额										贷方金额									
			千	百	十	万	千	百	十	元	角	分	千	百	十	万	千	百	十	元	角	分
合 计																						

附件 张

会计主管：　　记账：　　复核：　　制单：

表 7-9 收 款 凭 证

借方科目：　　年 月 日　　　　　　字第 号

摘 要	贷方科目		金 额								
	总账科目	明细科目	百	十	万	千	百	十	元	角	分
合 计											

附件 张

会计主管：　　记账：　　复核：　　出纳：　　制单：

表 7-10 **转　账　凭　证**

年　　月　　日　　　　　　　　字第　　号

摘要	会计科目	明细科目	借方金额										贷方金额									
			千	百	十	万	千	百	十	元	角	分	千	百	十	万	千	百	十	元	角	分
合　计																						

附件　张

会计主管：　　记账：　　复核：　　制单：

表 7-11 **付　款　凭　证**

贷方科目：　　年　　月　　日　　　　　　　　字第　　号

摘　要	借方科目		金　额								
	总账科目	明细科目	百	十	万	千	百	十	元	角	分
合　计											

附件　张

会计主管：　　记账：　　复核：　　出纳：　　制单：

表 7-12 **转　账　凭　证**

年　　月　　日　　　　　　　　字第　　号

摘要	会计科目	明细科目	借方金额										贷方金额									
			千	百	十	万	千	百	十	元	角	分	千	百	十	万	千	百	十	元	角	分
合　计																						

附件　张

会计主管：　　记账：　　复核：　　制单：

表 7-13 收 款 凭 证

借方科目：　　　　年　月　日　　　　字第　号

摘　要	贷方科目		金额								
	总账科目	明细科目	百	十	万	千	百	十	元	角	分
合　计											

附件　张

会计主管：　　记账：　　复核：　　出纳：　　制单：

表 7-14 转 账 凭 证

年　月　日　　　　字第　号

摘要	会计科目	明细科目	借方金额										贷方金额									
			千	百	十	万	千	百	十	元	角	分	千	百	十	万	千	百	十	元	角	分
合　计																						

附件　张

会计主管：　　记账：　　复核：　　制单：

表 7-15 付 款 凭 证

贷方科目：　　　　年　月　日　　　　字第　号

摘　要	借方科目		金额								
	总账科目	明细科目	百	十	万	千	百	十	元	角	分
合　计											

附件　张

会计主管：　　记账：　　复核：　　出纳：　　制单：

表 7-16 转 账 凭 证

年 月 日　　　　字第 号

摘要	会计科目	明细科目	借方金额										贷方金额									
			千	百	十	万	千	百	十	元	角	分	千	百	十	万	千	百	十	元	角	分
合 计																						

附件 张

会计主管：　　记账：　　复核：　　制单：

表 7-17 转 账 凭 证

年 月 日　　　　字第 号

摘要	会计科目	明细科目	借方金额										贷方金额									
			千	百	十	万	千	百	十	元	角	分	千	百	十	万	千	百	十	元	角	分
合 计																						

附件 张

会计主管：　　记账：　　复核：　　制单：

表 7-18 转 账 凭 证

年 月 日　　　　字第 号

摘要	会计科目	明细科目	借方金额										贷方金额									
			千	百	十	万	千	百	十	元	角	分	千	百	十	万	千	百	十	元	角	分
合 计																						

附件 张

会计主管：　　记账：　　复核：　　制单：

表 7-19 付 款 凭 证

贷方科目：　　　　　　　　年　月　日　　　　　　　　字第　号

摘　要	借方科目		金额								
	总账科目	明细科目	百	十	万	千	百	十	元	角	分
合　计											

附件　张

会计主管：　　记账：　　复核：　　出纳：　　制单：

表 7-20 付 款 凭 证

贷方科目：　　　　　　　　年　月　日　　　　　　　　字第　号

摘　要	借方科目		金额								
	总账科目	明细科目	百	十	万	千	百	十	元	角	分
合　计											

附件　张

会计主管：　　记账：　　复核：　　出纳：　　制单：

表 7-21 转 账 凭 证

年　月　日　　　　　　　　字第　号

摘要	会计科目	明细科目	借方金额										贷方金额									
			千	百	十	万	千	百	十	元	角	分	千	百	十	万	千	百	十	元	角	分
合　计																						

附件　张

会计主管：　　记账：　　复核：　　制单：

表 7-22 **付　款　凭　证**

贷方科目：　　　　　　　　　　年　　月　　日　　　　　　　　　　字第　　号

摘　　要	借方科目		金　　额									
	总账科目	明细科目	百	十	万	千	百	十	元	角	分	附件　张
合　计												

会计主管：　　　记账：　　　复核：　　　出纳：　　　制单：

表 7-23 **付　款　凭　证**

贷方科目：　　　　　　　　　　年　　月　　日　　　　　　　　　　字第　　号

摘　　要	借方科目		金　　额									
	总账科目	明细科目	百	十	万	千	百	十	元	角	分	附件　张
合　计												

会计主管：　　　记账：　　　复核：　　　出纳：　　　制单：

表 7-24 **付　款　凭　证**

贷方科目：　　　　　　　　　　年　　月　　日　　　　　　　　　　字第　　号

摘　　要	借方科目		金　　额									
	总账科目	明细科目	百	十	万	千	百	十	元	角	分	附件　张
合　计												

会计主管：　　　记账：　　　复核：　　　出纳：　　　制单：

表 7-25 收 款 凭 证

借方科目：　　　　　　　　　　　　年　月　日　　　　　　　　　　　　字第　号

摘　要	贷方科目		金　额								
	总账科目	明细科目	百	十	万	千	百	十	元	角	分
合　计											

附件　张

会计主管：　　　记账：　　　复核：　　　出纳：　　　制单：

表 7-26 转 账 凭 证

年　月　日　　　　　　　　　　　　字第　号

摘要	会计科目	明细科目	借方金额										贷方金额									
			千	百	十	万	千	百	十	元	角	分	千	百	十	万	千	百	十	元	角	分
合　计																						

附件　张

会计主管：　　　记账：　　　复核：　　　制单：

表 7-27 转 账 凭 证

年　月　日　　　　　　　　　　　　字第　号

摘要	会计科目	明细科目	借方金额										贷方金额									
			千	百	十	万	千	百	十	元	角	分	千	百	十	万	千	百	十	元	角	分
合　计																						

附件　张

会计主管：　　　记账：　　　复核：　　　制单：

表 7-28 **转 账 凭 证**

年 月 日 字第 号

摘要	会计科目	明细科目	借方金额										贷方金额									
			千	百	十	万	千	百	十	元	角	分	千	百	十	万	千	百	十	元	角	分
合 计																						

附件 张

会计主管： 记账： 复核： 制单：

表 7-29 **转 账 凭 证**

年 月 日 字第 号

摘要	会计科目	明细科目	借方金额										贷方金额									
			千	百	十	万	千	百	十	元	角	分	千	百	十	万	千	百	十	元	角	分
合 计																						

附件 张

会计主管： 记账： 复核： 制单：

表 7-30 **转 账 凭 证**

年 月 日 字第 号

摘要	会计科目	明细科目	借方金额										贷方金额									
			千	百	十	万	千	百	十	元	角	分	千	百	十	万	千	百	十	元	角	分
合 计																						

附件 张

会计主管： 记账： 复核： 制单：

表 7-31 **转 账 凭 证**

年 月 日　　　　字第 号

摘要	会计科目	明细科目	借方金额										贷方金额									
			千	百	十	万	千	百	十	元	角	分	千	百	十	万	千	百	十	元	角	分
合 计																						

附件 张

会计主管：　　记账：　　复核：　　制单：

表 7-32 **转 账 凭 证**

年 月 日　　　　字第 号

摘要	会计科目	明细科目	借方金额										贷方金额									
			千	百	十	万	千	百	十	元	角	分	千	百	十	万	千	百	十	元	角	分
合 计																						

附件 张

会计主管：　　记账：　　复核：　　制单：

表 7-33 **转 账 凭 证**

年 月 日　　　　字第 号

摘要	会计科目	明细科目	借方金额										贷方金额									
			千	百	十	万	千	百	十	元	角	分	千	百	十	万	千	百	十	元	角	分
合 计																						

附件 张

会计主管：　　记账：　　复核：　　制单：

表 7-34 **转 账 凭 证**

年 月 日 字第 号

摘要	会计科目	明细科目	借方金额										贷方金额									
			千	百	十	万	千	百	十	元	角	分	千	百	十	万	千	百	十	元	角	分
合 计																						

附件 张

会计主管： 记账： 复核： 制单：

表 7-35 **转 账 凭 证**

年 月 日 字第 号

摘要	会计科目	明细科目	借方金额										贷方金额									
			千	百	十	万	千	百	十	元	角	分	千	百	十	万	千	百	十	元	角	分
合 计																						

附件 张

会计主管： 记账： 复核： 制单：

表 7-36 **转 账 凭 证**

年 月 日 字第 号

摘要	会计科目	明细科目	借方金额										贷方金额									
			千	百	十	万	千	百	十	元	角	分	千	百	十	万	千	百	十	元	角	分
合 计																						

附件 张

会计主管： 记账： 复核： 制单：

表 7-37 银行存款日记账

单位：元

年		凭证号数	摘要	对方科目	借方	贷方	余额
月	日						

表 7-38 总分类账

账户名称：应付账款

单位：元

年		凭证号数	摘要	借方	贷方	借或贷	余额
月	日						

表 7-39　总 分 类 账

账户名称：原材料　　　　　　　　　　　　　　　　　　　　单位：元

年		凭证号数	摘 要	借 方	贷 方	借或贷	余 额
月	日						

表 7-40　总 分 类 账

账户名称：管理费用　　　　　　　　　　　　　　　　　　　单位：元

年		凭证号数	摘 要	借 方	贷 方	借或贷	余 额
月	日						

表 7-41 应付账款明细账

账户名称：兴华公司　　　　　　　　　　　　　　　　　　　　单位：元

年		凭证号数	摘要	借方	贷方	借或贷	余额
月	日						

表 7-42 原材料明细账

材料名称：甲材料　　　　　　　　　　　　　　　　　　　　计量单位：________

年		凭证号数	摘要	收入			发出			结存		
月	日			数量	单价	金额	数量	单价	金额	数量	单价	金额

表 7-43　**管理费用明细账**

单位：元

年		凭证号数	摘要	借方					
月	日								合计

任务 8　错账的更正

8.1　任务指导

在记账过程中，由于种种原因，难免会发生记账错误。在账簿中发现的错误，不能涂改、挖补、刮擦或者用药水消除字迹，必须采用正确的方法更正。更正方法主要有划线更正法、红字更正法和补充登记法三种。

8.1.1　划线更正法

1．适用范围

在结账前，发现记账凭证没有错误，但账簿记录中存在文字或数字错误的情况。

2．更正方法

将错误的文字或全部数字用一条红色横线予以注销，在划线文字或数字的上方用蓝字或黑字将正确的文字或数字填写在同一行的上方位置，并由更正人员在更正处签章。

8.1.2　红字更正法

1．适用范围

账簿记录与记账凭证一致，记账后在当年内发现记账凭证所记的会计科目错误或借贷方向错误，或者会计科目无误而所记金额大于应记金额。

2. 更正方法

若是会计科目错误或借贷方向错误，首先用红字填制一张与原错误记账凭证内容完全一致的记账凭证，并据以用红字登记入账，以冲销原错误记录；然后用蓝字填制一张正确的记账凭证，并据以用蓝字登记入账。若只是所记金额大于应记金额并据以登记账簿，将多记的金额用红字填制一张与原错误记账凭证的会计科目、记账方向相同的记账凭证，并据以用红字登记入账，以冲销多记金额。

更正错账编制的红字记账凭证，其摘要栏内容应填写“注销或更正某月某日某号凭证的错误”字样；编制蓝字记账凭证时，在摘要栏注明“补记某月某日账”。

8.1.3 补充登记法

1. 适用范围

记账后，发现记账凭证中会计科目和记账方向都正确，只是所记金额小于应记金额，而账簿记录与记账凭证是相吻合的。

2. 更正方法

将少记金额用蓝字填制一张与原错误记账凭证科目名称和方向一致的记账凭证，并据以用蓝字登记入账，以补足少记的金额，在其摘要栏注明“补记某月某日账”。

8.2 任务训练

8.2.1 任务资料

卓利公司 2011 年 11 月 30 日在审核账簿后发现下列错误。

(1) 11 月 15 日，生产车间领用材料 800 元用于一般耗用，会计人员编制记账凭证(见表 8-1)，并据以登账。

表 8-1 **转 账 凭 证**

2011 年 11 月 15 日　　转字第 10 号

摘要	会计科目	明细科目	借方金额										贷方金额									
			千	百	十	万	千	百	十	元	角	分	千	百	十	万	千	百	十	元	角	分
生产车间	生产成本							8	0	0	0	0										
领用材料	原材料																	8	0	0	0	0
合　计							¥	8	0	0	0	0					¥	8	0	0	0	0

附件 1 张

会计主管：张晶　　记账：康思　　复核：伍成龙　　制单：姚娟

(2) 11 月 19 日，采购员王敏预借差旅费(见表 8-2)。

出纳人员根据表 8-2 资料编制记账凭证(见表 8-3)，并据以登账。

表 8-2 **借 款 单**

借款日期 2011 年 11 月 19 日

单位或部门	采购部		**借款事由**	采购材料	
申请借款金额	金额(大写)人民币叁仟元整 ¥3 000.00				现金付讫
批准金额	金额(大写)人民币叁仟元整 ¥3 000.00				
领导批示	吴启嘉	**财务主管**	张晶	**借款人**	王敏

表 8-3 **付 款 凭 证**

贷方科目：库存现金　　　　2011 年 11 月 19 日　　　　现付字第 3 号

摘 要	借方科目		金 额								
	总账科目	明细科目	百	十	万	千	百	十	元	角	分
预借差旅费	其他应收款	王敏				3	3	0	0	0	0
合 计					¥	3	3	0	0	0	0

附件 1 张

会计主管：张晶　　记账：康思　　复核：伍成龙　　出纳：姚娟　　制单：姚娟

(3) 11 月 21 日，用现金支付销售产品的运费 500 元，会计人员编制记账凭证(见表 8-4)，并据以登账。

表 8-4 **收 款 凭 证**

借方科目：库存现金　　　　2011 年 11 月 21 日　　　　现收字第 05 号

摘 要	贷方科目		金 额								
	总账科目	明细科目	百	十	万	千	百	十	元	角	分
支付产品运费	销售费用	运杂费					5	0	0	0	0
合 计						¥	5	0	0	0	0

附件 1 张

会计主管：张晶　　记账：康思　　复核：伍成龙　　出纳：姚娟　　制单：姚娟

(4) 11 月 22 日，用现金支票支付前欠伟明公司货款 3 000 元，会计人员编制记账凭证(见表 8-5)，并据以登账。

表 8-5 **付 款 凭 证**

贷方科目：库存现金　　　　2011 年 11 月 22 日　　　　现付字第 5 号

摘　要	借方科目		金　额								
	总账科目	明细科目	百	十	万	千	百	十	元	角	分
支付前欠货款	应付账款	伟明公司				3	0	0	0	0	0
合　计					￥	3	0	0	0	0	0

附件 1 张

会计主管：张晶　　记账：康思　　复核：伍成龙　　出纳：姚娟　　制单：姚娟

(5) 11 月 25 日，用银行存款支付广告费 2 600 元，会计人员编制记账凭证(见表 8-6)，并据以登账。

表 8-6 **付 款 凭 证**

贷方科目：银行存款　　　　2011 年 11 月 25 日　　　　现付字第 7 号

摘　要	借方科目		金　额								
	总账科目	明细科目	百	十	万	千	百	十	元	角	分
支付广告费	销售费用	广告费					2	6	0	0	0
合　计						￥	2	6	0	0	0

附件 1 张

会计主管：张晶　　记账：康思　　复核：伍成龙　　出纳：姚娟　　制单：姚娟

(6) 11 月 30 日，计算本月应交营业税 6 200 元，会计人员编制记账凭证(见表 8-7)(登账时，“应交税费”账户记录为 8 200 元)。

表 8-7 **转 账 凭 证**

2011 年 11 月 30 日 转字第 23 号

摘要	会计科目	明细科目	借方金额										贷方金额									
			千	百	十	万	千	百	十	元	角	分	千	百	十	万	千	百	十	元	角	分
计提税费	营业税金及附加						6	2	0	0	0	0										
	应交税费	营业税															6	2	0	0	0	0
合 计						¥	6	2	0	0	0	0				¥	6	2	0	0	0	0

附件 1 张

会计主管：张晶 记账：康思 复核：伍成龙 制单：姚娟

(7) 11 月 30 日，计提本月车间设备折旧费 3 000 元。编制以下记账凭证(见表 8-8)，并据以登账。

表 8-8 **转 账 凭 证**

2011 年 11 月 30 日 转字第 28 号

摘要	会计科目	明细科目	借方金额										贷方金额									
			千	百	十	万	千	百	十	元	角	分	千	百	十	万	千	百	十	元	角	分
计提折旧	生产成本	折旧费					3	0	0	0	0	0										
	累计折旧																3	0	0	0	0	0
合 计						¥	3	0	0	0	0	0				¥	3	0	0	0	0	0

附件 1 张

会计主管：张晶 记账：康思 复核：伍成龙 制单：姚娟

(8) 11 月 30 日，计算本月应交所得税 8 000 元，会计人员编制记账凭证(见表 8-9)，并据以登账。

表 8-9 **转 账 凭 证**

2011 年 11 月 30 日 转字第 32 号

摘要	会计科目	明细科目	借方金额										贷方金额									
			千	百	十	万	千	百	十	元	角	分	千	百	十	万	千	百	十	元	角	分
计提税费	所得税费用							8	0	0	0	0										
	应交税费	所得税																8	0	0	0	0
合 计							¥	8	0	0	0	0					¥	8	0	0	0	0

附件 1 张

会计主管：张晶 记账：康思 复核：伍成龙 制单：姚娟

(9) 11 月 30 日，本月计提坏账准备 2 000 元，编制记账凭证(见表 8-10)，并据以登账。

表 8-10 **转　账　凭　证**

2011 年 11 月 30 日　　　　转字第 35 号

摘要	会计科目	明细科目	借方金额										贷方金额									
			千	百	十	万	千	百	十	元	角	分	千	百	十	万	千	百	十	元	角	分
计提坏账准备	资产减值损失						8	0	0	0	0	0										
	坏账准备																8	0	0	0	0	0
合　计						¥	8	0	0	0	0	0				¥	8	0	0	0	0	0

附件 1 张

会计主管：张晶　　记账：康思　　复核：伍成龙　　制单：姚娟

(10) 11 月 30 日，开出转账支票支付短期借款的利息费用 600 元(已预提 400 元)，会计人员编制记账凭证(见表 8-11)，并据以登账。

表 8-11 **付　款　凭　证**

贷方科目：银行存款　　2011 年 11 月 30 日　　银付字第 15 号

摘　要	借方科目		金　额								
	总账科目	明细科目	百	十	万	千	百	十	元	角	分
支付利息	财务费用	利息费用					6	0	0	0	0
合　计						¥	6	0	0	0	0

附件 1 张

会计主管：张晶　　记账：康思　　复核：伍成龙　　出纳：姚娟　　制单：姚娟

8.2.2　任务要求

(1) 根据上述资料，编制更正错账的记账凭证(见表 8-12～表 8-27)。

(2) 根据有关更正错账的记账凭证，登记库存现金日记账(见表 8-28)。

表 8-12 **转　账　凭　证**

年　　月　　日　　　　　　　　字第　　号

摘要	会计科目	明细科目	借方金额										贷方金额									
			千	百	十	万	千	百	十	元	角	分	千	百	十	万	千	百	十	元	角	分
合　计																						

附件　张

会计主管：　　　　记账：　　　　复核：　　　　制单：

表 8-13 **转　账　凭　证**

年　　月　　日　　　　　　　　字第　　号

摘要	会计科目	明细科目	借方金额										贷方金额									
			千	百	十	万	千	百	十	元	角	分	千	百	十	万	千	百	十	元	角	分
合　计																						

附件　张

会计主管：　　　　记账：　　　　复核：　　　　制单：

表 8-14 **付　款　凭　证**

贷方科目：　　　　年　月　日　　　　字第　　号

摘　要	借方科目		金　额								
	总账科目	明细科目	百	十	万	千	百	十	元	角	分
合　计											

附件　张

会计主管：　　　　记账：　　　　复核：　　　　出纳：　　　　制单：

表 8-15 **收 款 凭 证**

借方科目： 年 月 日 字第 号

摘要	贷方科目		金额								
	总账科目	明细科目	百	十	万	千	百	十	元	角	分
合计											

附件 张

会计主管： 记账： 复核： 出纳： 制单：

表 8-16 **付 款 凭 证**

贷方科目： 年 月 日 字第 号

摘要	借方科目		金额								
	总账科目	明细科目	百	十	万	千	百	十	元	角	分
合计											

附件 张

会计主管： 记账： 复核： 出纳： 制单：

表 8-17 **付 款 凭 证**

贷方科目： 年 月 日 字第 号

摘要	借方科目		金额								
	总账科目	明细科目	百	十	万	千	百	十	元	角	分
合计											

附件 张

会计主管： 记账： 复核： 出纳： 制单：

表 8-18 **付 款 凭 证**

贷方科目： 年 月 日 字第 号

<table>
<tr><td rowspan="2">摘 要</td><td colspan="2">借 方 科 目</td><td colspan="9">金 额</td><td rowspan="7">附
件

张</td></tr>
<tr><td>总账科目</td><td>明细科目</td><td>百</td><td>十</td><td>万</td><td>千</td><td>百</td><td>十</td><td>元</td><td>角</td><td>分</td></tr>
<tr><td></td><td></td><td></td><td></td><td></td><td></td><td></td><td></td><td></td><td></td><td></td><td></td></tr>
<tr><td></td><td></td><td></td><td></td><td></td><td></td><td></td><td></td><td></td><td></td><td></td><td></td></tr>
<tr><td></td><td></td><td></td><td></td><td></td><td></td><td></td><td></td><td></td><td></td><td></td><td></td></tr>
<tr><td></td><td></td><td></td><td></td><td></td><td></td><td></td><td></td><td></td><td></td><td></td><td></td></tr>
<tr><td colspan="3">合 计</td><td></td><td></td><td></td><td></td><td></td><td></td><td></td><td></td><td></td></tr>
</table>

会计主管： 记账： 复核： 出纳： 制单：

表 8-19 **付 款 凭 证**

贷方科目： 年 月 日 字第 号

<table>
<tr><td rowspan="2">摘 要</td><td colspan="2">借 方 科 目</td><td colspan="9">金 额</td><td rowspan="7">附
件

张</td></tr>
<tr><td>总账科目</td><td>明细科目</td><td>百</td><td>十</td><td>万</td><td>千</td><td>百</td><td>十</td><td>元</td><td>角</td><td>分</td></tr>
<tr><td></td><td></td><td></td><td></td><td></td><td></td><td></td><td></td><td></td><td></td><td></td><td></td></tr>
<tr><td></td><td></td><td></td><td></td><td></td><td></td><td></td><td></td><td></td><td></td><td></td><td></td></tr>
<tr><td></td><td></td><td></td><td></td><td></td><td></td><td></td><td></td><td></td><td></td><td></td><td></td></tr>
<tr><td></td><td></td><td></td><td></td><td></td><td></td><td></td><td></td><td></td><td></td><td></td><td></td></tr>
<tr><td colspan="3">合 计</td><td></td><td></td><td></td><td></td><td></td><td></td><td></td><td></td><td></td></tr>
</table>

会计主管： 记账： 复核： 出纳： 制单：

表 8-20 **转 账 凭 证**

年 月 日 字第 号

<table>
<tr><td rowspan="2">摘要</td><td rowspan="2">会计科目</td><td rowspan="2">明细
科目</td><td colspan="10">借方金额</td><td colspan="10">贷方金额</td><td rowspan="7">附
件

张</td></tr>
<tr><td>千</td><td>百</td><td>十</td><td>万</td><td>千</td><td>百</td><td>十</td><td>元</td><td>角</td><td>分</td><td>千</td><td>百</td><td>十</td><td>万</td><td>千</td><td>百</td><td>十</td><td>元</td><td>角</td><td>分</td></tr>
<tr><td></td><td></td><td></td><td></td><td></td><td></td><td></td><td></td><td></td><td></td><td></td><td></td><td></td><td></td><td></td><td></td><td></td><td></td><td></td><td></td><td></td><td></td><td></td></tr>
<tr><td></td><td></td><td></td><td></td><td></td><td></td><td></td><td></td><td></td><td></td><td></td><td></td><td></td><td></td><td></td><td></td><td></td><td></td><td></td><td></td><td></td><td></td><td></td></tr>
<tr><td></td><td></td><td></td><td></td><td></td><td></td><td></td><td></td><td></td><td></td><td></td><td></td><td></td><td></td><td></td><td></td><td></td><td></td><td></td><td></td><td></td><td></td><td></td></tr>
<tr><td></td><td></td><td></td><td></td><td></td><td></td><td></td><td></td><td></td><td></td><td></td><td></td><td></td><td></td><td></td><td></td><td></td><td></td><td></td><td></td><td></td><td></td><td></td></tr>
<tr><td colspan="3">合 计</td><td></td><td></td><td></td><td></td><td></td><td></td><td></td><td></td><td></td><td></td><td></td><td></td><td></td><td></td><td></td><td></td><td></td><td></td><td></td><td></td></tr>
</table>

会计主管： 记账： 复核： 制单：

表 8-21 **转 账 凭 证**

年 月 日 字第 号

摘要	会计科目	明细科目	借方金额										贷方金额									
			千	百	十	万	千	百	十	元	角	分	千	百	十	万	千	百	十	元	角	分
合 计																						

附件 张

会计主管： 记账： 复核： 制单：

表 8-22 **转 账 凭 证**

年 月 日 字第 号

摘要	会计科目	明细科目	借方金额										贷方金额									
			千	百	十	万	千	百	十	元	角	分	千	百	十	万	千	百	十	元	角	分
合 计																						

附件 张

会计主管： 记账： 复核： 制单：

表 8-23 **付 款 凭 证**

贷方科目： 年 月 日 字第 号

摘 要	借 方 科 目		金 额								
	总账科目	明细科目	百	十	万	千	百	十	元	角	分
合 计											

附件 张

会计主管： 记账： 复核： 出纳： 制单：

表 8-24 **付 款 凭 证**

贷方科目： 年 月 日 字第 号

摘 要	借方科目		金 额								
	总账科目	明细科目	百	十	万	千	百	十	元	角	分
合 计											

附件 张

会计主管： 记账： 复核： 出纳： 制单：

表 8-25 **付 款 凭 证**

贷方科目： 年 月 日 字第 号

摘 要	借方科目		金 额								
	总账科目	明细科目	百	十	万	千	百	十	元	角	分
合 计											

附件 张

会计主管： 记账： 复核： 出纳： 制单：

表 8-26 **转 账 凭 证**

年 月 日 字第 号

摘要	会计科目	明细科目	借方金额										贷方金额									
			千	百	十	万	千	百	十	元	角	分	千	百	十	万	千	百	十	元	角	分
合 计																						

附件 张

会计主管： 记账： 复核： 制单：

表 8-27 **收 款 凭 证**

借方科目： 年 月 日 字第 号

摘 要	贷方科目		金额								
	总账科目	明细科目	百	十	万	千	百	十	元	角	分
合 计											

附件 张

会计主管： 记账： 复核： 出纳： 制单：

表 8-28 **库 存 现 金 日 记 账**

2011 年		记账凭证		摘 要	借 方							贷 方							余 额						
月	日	字	号		万	千	百	十	元	角	分	万	千	百	十	元	角	分	万	千	百	十	元	角	分
11	1			期初余额																6	4	0	0	0	0
	4	现收	1	收取罚款			2	0	0	0	0									6	6	0	0	0	0
	10	现付	1	购买办公用品										3	0	0	0	0		6	3	0	0	0	0
	15	现付	2	购买劳保品										5	0	0	0	0		5	8	0	0	0	0
	17	现收	2	收包装物押金		1	0	0	0	0	0									6	8	0	0	0	0
	18	现收	3	收取产品定金			4	0	0	0	0									7	2	0	0	0	0
	18	现收	4	收取违约金			1	5	0	0	0									7	3	5	0	0	0
	19	现付	3	预借差旅费									3	3	0	0	0	0		4	0	5	0	0	0
	21	现付	4	付职工医药费										1	0	0	0	0		3	9	5	0	0	0
	21	现收	5	支付运费			5	0	0	0	0									4	4	5	0	0	0
	22	现付	5	偿还伟明公司欠款									3	0	0	0	0	0		1	4	5	0	0	0

备注：其他账簿的登记从略。

任务 9 账簿的结账

9.1 任务指导

结账，是指在一定会计期间(如：日、月、季、年度)将本期内发生的经济业务全部登记入账以后，计算出本期发生额及期末余额，并将余额结转下期或新的账簿。

9.1.1 结账的程序

结账前，必须查明本会计期间所发生的经济业务并确认全部登记入账，检查是否有错记的经济业务，对于发生的记账错误要及时更正，做到账证、账账、账实相符。应及时调整需要期末调整的账项，按照权责发生制原则，查对有关收入和费用是否需要进行账项调整。在确认当期发生的经济业务，调整账项及将有关转账业务全部登记入账后，即可办理结账手续。

9.1.2 结账的方法

根据结账时期不同，结账方法一般分为月结、季结和年结三种。

1. 月结

按月计算、登记各种账簿的本期发生额和期末余额，称为月结。办理月结，应在最后一笔经济业务记录下面划一条通栏单红线，在红线下结算出本月发生额及月末余额，在“摘要”栏中注明“本月合计”或“本月发生额及余额”，然后在下面再画一条通栏单红线，表示月结完毕。如果账户没有发生额，则不用进行月结。

2. 季结

季结是每季度终了时进行的结账。办理季结，应在本季度最后一个月的月结下面结算出本季度的发生额和季末余额，并在“摘要”栏中注明“本季合计”字样，然后在下面划一条通栏单红线，表示季结完毕。

3. 年结

年结即每年年末进行结账。年终结账时，计算出全年 12 个月的发生额合计数，填写在季结的下一行，在“摘要”栏中注明“年度发生额及余额”或“本年累计”字样，将本年度的借贷发生额分别记入借方和贷方栏，并在年结记录下划通栏双红线。年度结账之后，应将本年度账簿中的余额结转到下一年度对应的新账簿中。结转时在“摘要”栏内注明“结转下年”字样；在下一年度对应的新账簿的第一行“余额”栏内填写上年结转的余额，并在“摘要”栏内注明“上年结转”字样。

9.2 任务训练

9.2.1 任务资料

(1) 见任务 7 中已经完成登账的表 7-38～表 7-40。

(2) 恒达公司 2011 年 12 月库存商品总账见表 9-1。本公司库存商品 1 月到 11 月借方发生额合计 1 235 000 元，贷方发生额合计 1 235 000 元。

9.2.2 任务要求

(1) 对表 7-38～表 7-40 进行月结。

(2) 对恒达公司的库存商品总账进行月结、季结和年结，并结转下年(见表 9-1)。

表 9-1 总 分 类 账

账户名称：库存商品　　　　　　　　　　　　　　　　　　单位：元

2011 年		凭证号数	摘要	借 方	贷 方	借或贷	余 额
月	日						
12	1		期初余额			借	160 000
	10	科汇 1 号	1-10 日发生额	110 000	70 000	借	200 000
	20	科汇 2 号	11-20 日发生额	40 000	130 000	借	110 000
	31	科汇 3 号	21-31 日发生额	10 000	80 000	借	40 000

项目五 财产清查

项目目标

1. 能采用合适的方法对企业各种类型的财产进行清查。
2. 会填制各种财产清查凭证。
3. 会根据财产清查结果进行账务处理。

任务 10 货币资金的清查

10.1 任务指导

10.1.1 财产清查的准备工作

财产清查是一项涉及面广，工作量大，既复杂又细致的具体工作。因此，在进行财产清查前，有计划、有组织地进行各项准备工作，包括组织准备和业务准备，才能按科学管理的方法进行财产清查。

1. 成立财产清查组织

成立财产清查领导小组，在总会计师及有关主管、厂长的领导下，成立由财会部门牵头，设备、技术、生产、行政及各有关部门参加的财产清查领导小组，具体负责财产清查的领导和组织工作。

2. 做好财产清查前的业务准备工作

为做好财产清查工作，财会部门和有关业务部门应做的各项业务准备工作主要有以下方面。

(1) 财会部门应在财产清查之前将所有的经济业务登记入账，并将有关账簿登记齐全，结出余额。总分类账中反映货币资金、财产物资和债权债务的有关账户应与所属明细分类账、日记账核对清楚，先做到账账相符、账证相符，才能为财产清查提供可靠依据。

(2) 财产物资保管和使用等部门应登记好所经管的各种财产物资明细账，结出余额，并与财会部门的有关总账、明细账相对相符。同时，财产物资保管人员应将其所保管的各种财产物资堆放整齐，挂上标签，标明品种、规格和结存数量，以便进行实物盘点。

(3) 财产清查小组应组织有关部门准备好计量器具和有关清查登记用的表册。

10.1.2 财产清查结果的处理

1. 财产清查结果处理的要求

通过财产清查而发现的有关会计核算和财产管理工作中的问题，都必须按照国家的有关政策、法规、制度进行严肃认真的处理。财产清查结果的处理要求包括以下几个方面。

(1) 分析产生差异的原因和性质，提出处理建议。对财产清查过程中所发现的各种财产盘盈、盘亏和毁损等账实不符情况，应当认真分析其产生差异的原因，研究其性质，并在明确责任的基础上，提出处理意见，按规定报请有关部门和领导进行审批。审批处理后，应当严格执行审批意见，调整有关账簿记录，做到账实相符。

(2) 积极处理多余积压财产，清理往来款项。对财产清查过程中发现的多余和积压财产，在查明原因的基础上，报请领导批准后，应及时进行处理；对于长期拖欠以及有争议的往来款项，应当认真查明原因，必要时可指定专人负责，及时予以清理，以挖掘单位财产潜力，加速资金周转，提高经济效益。

(3) 总结经验教训，建立健全各项管理制度。对于通过财产清查而发现的单位在会计核算、会计管理、财产管理等方面的先进经验和教训，应当认真总结。好的方面应当坚持和发扬，不好的方面应当提出改进意见或措施，努力建立和健全各项管理制度，避免问题的再次发生，从而提高会计工作和管理工作的水平。

(4) 及时调整账簿记录，保证账实相符。对于财产清查过程中所发现的盘盈、盘亏和毁损等情况，应当按照有关规定及时进行处理，调整相关的会计账簿记录，切实做到账实相符。对于在清查过程中发现的坏账损失，也要按规定及时进行处理，不可长期挂账。

2. 财产清查结果处理的程序

财产清查的结果大致有三种情况：第一种情况是实存数等于账存数，即账实相符；第二种情况是实存数大于账存数，即盘盈；第三种情况是实存数小于账存数，即盘亏。对于第一种情况，因为账实相符，在会计上不必进行账务处理。但对第二和第三种情况，也就是说无论是盘盈还是盘亏，在会计上都要进行必要的账务处理。处理的程序分为两个方面。

(1) 审批之前的处理。按照规定，在财产清查中发现盘盈、盘亏、毁损和变质等问题，应认真核准数字，按规定的程序处理。先根据清查中所取得的原始凭证，如“盘存单”、“实存账存对比表”，核准财产物资、货币资金及债权债务的盈亏数字，对各项差异产生的原因进行分析，明确经济责任，据实提出处理意见，呈报有关领导和部门批准。在此基础上，应根据“实存账存对比表”(亦称财产盈亏报告单)编制有关记账凭证，并据以登记账簿，调整账簿记录，切实做到账存数与实存数相一致，保证账实相符。

(2) 审批之后的处理。对于有关领导部门对所呈报的财产清查结果提出处理意见后，应严格按批复意见进行账务处理，编制记账凭证，登记有关账簿，并追回由于责任者个人原因造成的损失。

10.1.3 库存现金的清查方法

库存现金的清查，是通过实地盘点的方法，确定库存现金的实存数，然后与库存现金日记账的账面余额进行核对，以查明账实是否相符。它包括出纳人员每日进行的清查和专门清查小组进行的清查。

每日业务终了，出纳人员都应将库存现金日记账的账面余额与库存现金的实存数进行核对，做到账实相符。专门清查小组的清查是一种不定期的抽查，清查时出纳人员必须在场。清查时，除查明账实是否相符外，还要查明有无违反库存现金管理制度的行为，如有无用不合规的收据、“白条”充抵库存现金，库存现金是否超过规定限额，有无坐支现金的现象等。盘点结束后，根据盘点结果填制“库存现金盘点报告表”，并由盘点人员和出纳人员共同签章。

10.1.4　银行存款的清查方法

银行存款的清查是采用与开户银行核对账目的方法进行的。它是将从银行取得的对账单与单位的银行存款日记账进行逐笔核对，以查明账实是否相符。

企业同银行对账前，应先检查自己的银行存款日记账是否完整、正确，发现有错记、漏记，应及时更正、补记，然后再对账。对账时，对于双方账目上都有的记录，可划上“√”的标记。若发现双方账目不一致，应查明是企业或银行的记账有错误，还是由未达账项造成的。如果存在未达账项，应编制“银行存款余额调节表”进行调整，以确定企业与银行双方记账是否一致，双方的账面余额是否相符。

银行存款余额调节表的编制方法：企业与银行双方都在本身余额的基础上，补记对方已记账，本身未记账的未达账项。经调整后，双方余额相等，说明双方记账相符，否则说明记账有错误，应予以更正。调整后的余额是企业当时实际可以动用的存款数额。

10.2　任务训练

10.2.1　任务资料

(1) 森马公司 2011 年 12 月末日记账余额(见表 10-1)。

表 10-1　**森马公司 2011 年末日记账余额**　　金额单位· 元

账户名称	期末余额
库存现金	3 265
银行存款	78 200

(2) 森马公司 2011 年 12 月银行存款日记账和银行对账单(见表 10-2～表 10-3)。

表 10-2　**银行存款日记账**

2011 年		记账凭证		摘要	借方							贷方							结存						
月	日	字	号		万	千	百	十	元	角	分	万	千	百	十	元	角	分	万	千	百	十	元	角	分
12	1			期初余额															3	2	0	0	0	0	0
	3	银收	1	收取销货款	4	5	0	0	0	0	0								7	7	0	0	0	0	0
	5	银付	1	提现备发工资								1	7	0	0	0	0	0	6	0	0	0	0	0	0
	6	银收	2	收包装物押金			7	0	0	0	0								6	0	7	0	0	0	0
	9	银收	3	收取产品定金		1	1	0	0	0	0								6	1	8	0	0	0	0
	15	银付	2	支付购货款									7	2	0	0	0	0	5	4	6	0	0	0	0
	19	银付	4	支付前欠货款									6	0	0	0	0	0	4	8	6	0	0	0	0

续表

2011年		记账凭证		摘要	借方							贷方							结存						
月	日	字	号		万	千	百	十	元	角	分	万	千	百	十	元	角	分	万	千	百	十	元	角	分
	20	银付	3	支付办公费									2	5	0	0	0	0	4	6	1	0	0	0	0
	26	银付	5	支付运费									1	8	0	0	0	0	4	4	3	0	0	0	0
	26	银收	4	收销货款	2	3	4	0	0	0	0								6	7	7	0	0	0	0
	29	银付	6	支付维修费										7	0	0	0	0	6	7	0	0	0	0	0
	30	银收	5	收回货款	1	1	7	0	0	0	0								7	8	7	0	0	0	0
	31	银付	7	支付电话费										5	0	0	0	0	7	8	2	0	0	0	0
	31			本月合计	8	1	9	0	0	0	0	3	5	7	0	0	0	0	7	8	2	0	0	0	0

表10-3 客户对账单

账号：811224578000119940　　户名：森马公司　　开户机构：建设银行宏达支行

交易日期	摘　要	结算方式	借方	贷方	余额	操作员	备注
2011.12.01	余额				32 000.00	102356	
2011.12.03	收到货款	转账支票		45 000.00	77 000.00	105501	
2011.12.04	提现	现金支票	17 000.00		60 000.00		
2011.12.05	收到押金	转账支票		700.00	60 700.00	105501	
2011.12.8	收到产品定金	转账支票		1 100.00	61 800.00	105501	
2011.12.16	支付货款	转账支票	7 200.00		54 600.00	105501	
2011.12.20	付欠货款	转账支票	6 000.00		48 600.00	102356	
2011.12.22	付办公费	现金支票	2 500.00		46 100.00	105501	
2011.12.26	付运费	现金支票	1 800.00		44 300.00	105501	
2011.12.28	支付货款	转账支票	5 000.00		39 300.00	102356	
2011.12.29	支付维修费	转账支票	700.00		38 600.00	105501	
2011.12.30	收到预收款	现金支票		5 500.00	44 100.00	104788	
2011.12.30	代扣水电费	转账支票	400.00		43 700.00	104788	
2011.12.31	收到货款	转账支票		12 000.00	55 700.00	102356	
2011.12.31	本月合计		40 600.00	64 300.00	55 700.00		

(3) 森马公司2010年年末库存现金余额(见表10-4)。

表10-4 森马公司2010年年末库存现金余额

金额单位：元

总账科目	实际库存额
库存现金	3 065.00

(4) 库存现金清查结果经核查，库存现金短款原因无法查明，决定由出纳员赔偿，尚未收到赔款。

10.2.2　任务要求

(1) 根据表 10-1 和表 10-4 的资料，填制表 10-5。

(2) 根据表 10-2 和表 10-3 的资料，查找出未达账项，并填制表 10-6。

(3) 根据上述资料，对库存现金的盘点结果进行账务处理(见表 10-7～表 10-8)。

表 10-5　**库存现金盘点报告表**

单位名称：　　　　　　　　　　　　　　　　　　　　年　　月　　日

盘点人签章：　　　　　　　　　　　　　　　　　　　出纳员签章：

实存金额	账存金额	实存与账存对比		备　注
		盘盈	盘亏	

表 10-6　**银行存款余额调节表**

年　　月　　日　　　　　　　　　　单位：元

项　目	金　额	项　目	金　额
企业银行存款日记账余额		银行对账单余额	
加：银行已收企业未收款 减：银行已付企业未付款		加：企业已收银行未收款 减：企业已付银行未付款	
调整后余额		调整后余额	

表 10-7　**付　款　凭　证**

贷方科目：　　　　　　　　年　　月　　日　　　　　　　　字第　　号

摘　要	借方科目		金　额								
	总账科目	明细科目	百	十	万	千	百	十	元	角	分
合　计											

附件　　张

会计主管：　　　　记账：　　　　复核：　　　　出纳：　　　　制单：

表 10-8 **转 账 凭 证**

年　　月　　日　　　　　　　　　　字第　　号

摘要	会计科目	明细科目	借方金额										贷方金额									
			千	百	十	万	千	百	十	元	角	分	千	百	十	万	千	百	十	元	角	分
合　计																						

附件　张

会计主管：　　　　记账：　　　　复核：　　　　制单：

任务 11　实物财产和往来款项的清查

11.1　任务指导

11.1.1　实物资产的清查方法

实物资产的清查主要是指对存货、固定资产等财产物资的清查。由于各种实物资产的形态、重量、体积、存放方式等不同，因而所采用的清查方法也不尽相同。常用的清查方法有以下两种。

1. 实地盘点法

实地盘点法是通过逐一清点或用计量器具计量出实物的实际结存数量。这种方法计量准确、直观，企业大多数财产物资的清查都可以采用这种方法，但清查工作量较大。

2. 技术推算法

技术推算法是通过量方、计尺等方法，推算出实物资产的实际结存数量。这种方法计量的结果不是十分准确，有一定的误差，适用于大量、分散、成堆、笨重的难以逐一清点的财产物资，如煤、沙、石头等大量露天堆放的物资。

清查过程中，除清查实物资产的数量，还要对资产质量根据其特点采用物理的或化学的方法进行核查，了解实物资产的利用和储备情况，以及在收发、保管等方面存在的问题。

在进行实物资产的清查时，实物保管人员必须在场，但保管人员不宜单独承担清查任务，以客观评价财产物资的管理工作。

清查后，应及时将清查结果如实记录在“盘存单”上，并由清查人员和保管、使用人员签章，编制“账存实存对比表”，以确定实物资产的盈亏情况。

11.1.2　往来款项的清查方法

往来款项的清查，一般采用与对方单位或个人通过对账单核对账簿记录的方法进行。

在清查过程中，应先检查本单位各种往来款项账簿记录的正确性和完整性。检查无误后，按每一往来单位编制“往来款项对账单”，派人或发函送达对方核对。对方如果核对相符，应在回单联上盖章退回；如果数额不符，应在回单联上将不符情况注明，再另抄写一份对账单一起退回，作为进一步核对的依据。

往来款项清查结果，应按规定和批准意见处理。应收回或归还的，应积极催收或主动归还；对有争议的款项，要共同协商处理，或通过法律途径解决；对确实无法收回或支付的款项，应进行核销处理，且应在备查簿上记录。

11.2 任务训练

11.2.1 任务资料

(1) 通海公司 2011 年 12 月末部分总分类账、明细账余额(见表 11-1)。

表 11-1 **通海公司 2011 年末部分账户余额**　　金额单位：元

总账科目	总账期末余额		明细账或日记账期末余额					
	借方金额	贷方金额	科目	计量单位	数量	单价	借方金额	贷方金额
应收账款	80 000		西山有限公司				60 000	
			立群有限公司				20 000	
原材料	77 700		钢材	吨	15	4 480	67 200	
			螺丝	千克	3 000	3.5	10 500	
应付账款		70 000	坦丁有限公司					50 000
			伍德有限公司					20 000

(2) 通海公司年终经过盘点，部分财产实际库存额(见表 11-2)。

表 11-2 **通海公司 2011 年年末部分财产实际库存额**　　金额单位：元

总账科目	实际库存额	实际库存明细				
		财产名称	计量单位	数量	单价	金额
原材料	75 798.80	钢材	吨	14.56	4 480.00	65 228.80
		螺丝	千克	3 020.00	3.50	10 570.00

(3) 财产清查结果经逐项核查：

① 盘亏的钢材是由于保管不善被偷，决定由仓库保管员张光能赔偿 40%，从下月工资中扣除，其余计入营业外支出。

② 盘盈的螺丝属正常计量误差造成。

11.2.2 任务要求

(1) 根据表 11-1 和表 11-2 的资料，填制表 11-3。

(2) 根据表 11-1 和表 11-2 的资料，填制表 11-4。

(3) 根据表11-1编制往来款项对账单，然后派人或发函送达对方进行核对。

(4) 发函寄给伍德有限公司的往来款项对账单不久被退回。经进一步核查，伍德有限公司已被注销，该单位已不存在。经研究批准，该笔无法支付的应付款项应注销(见表11-5)。

(5) 根据上述资料进行原材料批准前和批准后的账务处理(见表11-6～表11-11)。

表11-3 **盘 存 单**

财产类别：

存放地点：　　　　　　　　　　年　　月　　日　　　　　　　　　　编号：

编号	名称	规格	计量单位	数量	单价	金额	备注

盘点人员：　　　　　　　　　　　　　　实物保管人员：

表11-4 **账存实存对比表**

年　　月　　日　　　　　　　　　　编号：

编号	名称	规格	计量单位	单价	账存		实存		盘盈		盘亏	
					数量	金额	数量	金额	数量	金额	数量	金额
备注												

会计主管：　　　　　　　　　　复核：　　　　　　　　　　制表：

往来款项对账单①

____________________单位：

你单位_2011__年_7__月_15__日购买我单位__A产品400件__，已付货款__20 000元，尚有_60 000元__货款未付，请核对后将回联单寄回。

清查单位：(盖章)

20　　年　　月　　日

沿此虚线裁开，将以下回联单寄回

往来款项对账单①(回联)

____________________清查单位：

你单位寄来的“往来款项对账单”已收到，经核对相符无误。

单位：(盖章)

20　　年　　月　　日

往来款项对账单②

____________________单位：

你单位_2011__年_5_月_23_日购买我单位__B产品1 000件__，已付货款__20 000元__，尚有_20 000元_货款未付，请核对后将回联单寄回。

清查单位：(盖章)

20　　年　　月　　日

沿此虚线裁开，将以下回联单寄回

往来款项对账单②(回联)

____________________清查单位：

你单位寄来的“往来款项对账单”已收到，经核对相符无误。

单位：(盖章)

20　　年　　月　　日

往来款项对账单③

____________________单位：

你单位__2010___年__8__月__30__日向我单位__销售螺丝 20 000千克__，我单位已付货款__20 000元_，尚欠_50 000元_未付，请核对后将回联单寄回。

清查单位：(盖章)

20　　年　　月　　日

沿此虚线裁开，将以下回联单寄回

往来款项对账单③(回联)

____________清查单位：

你单位寄来的“往来款项对账单”已收到，经核对相符无误。

单位：(盖章)

20　年　月　日

往来款项对账单④

____________单位：

你单位 2010 年 7 月 29 日向我单位 销售钢材 3 吨 ，我单位已付货款 120 000 元 ，尚欠 20 000 元 未付，请核对后将回联单寄回。

清查单位：(盖章)

20　年　月　日

沿此虚线裁开，将以下回联单寄回

往来款项对账单④(回联)

____________清查单位：

你单位寄来的“往来款项对账单”已收到，经核对相符无误。

单位：(盖章)

20　年　月　日

表 11-5 **转　账　凭　证**

年　月　日　　　　字第　号

摘要	会计科目	明细科目	借方金额										贷方金额									
			千	百	十	万	千	百	十	元	角	分	千	百	十	万	千	百	十	元	角	分
合　计																						

附件　张

会计主管：　　记账：　　复核：　　制单：

表 11-6 **转　账　凭　证**

年　月　日　　　　字第　号

摘要	会计科目	明细科目	借方金额										贷方金额									
			千	百	十	万	千	百	十	元	角	分	千	百	十	万	千	百	十	元	角	分
合　计																						

附件　张

会计主管：　　记账：　　复核：　　制单：

表 11-7 **转　账　凭　证**

年　　月　　日　　　　　　　　　　字第　　号

摘要	会计科目	明细科目	借方金额										贷方金额									
			千	百	十	万	千	百	十	元	角	分	千	百	十	万	千	百	十	元	角	分
合　计																						

附件　张

会计主管：　　　　记账：　　　　复核：　　　　制单：

表 11-8 **转　账　凭　证**

年　　月　　日　　　　　　　　　　字第　　号

摘要	会计科目	明细科目	借方金额										贷方金额									
			千	百	十	万	千	百	十	元	角	分	千	百	十	万	千	百	十	元	角	分
合　计																						

附件　张

会计主管：　　　　记账：　　　　复核：　　　　制单：

表 11-9 **转　账　凭　证**

年　　月　　日　　　　　　　　　　字第　　号

摘要	会计科目	明细科目	借方金额										贷方金额									
			千	百	十	万	千	百	十	元	角	分	千	百	十	万	千	百	十	元	角	分
合　计																						

附件　张

会计主管：　　　　记账：　　　　复核：　　　　制单：

表 11-10 **转　账　凭　证**

年　　月　　日　　　　　　　　　　字第　　号

摘要	会计科目	明细科目	借方金额										贷方金额									
			千	百	十	万	千	百	十	元	角	分	千	百	十	万	千	百	十	元	角	分
合　计																						

附件　张

会计主管：　　　　记账：　　　　复核：　　　　制单：

表 11-11 **转　账　凭　证**

年　　月　　日　　　　　　　　　　字第　　号

摘要	会计科目	明细科目	借方金额										贷方金额									
			千	百	十	万	千	百	十	元	角	分	千	百	十	万	千	百	十	元	角	分
合　计																						

附件　张

会计主管：　　　　记账：　　　　复核：　　　　制单：

项目六　汇总记账凭证和科目汇总表的编制

项目目标

1. 熟悉汇总记账凭证的格式及编制要求。
2. 熟悉科目汇总表的格式及编制要求。
3. 会编制汇总记账凭证和科目汇总表。

任务 12　汇总记账凭证的编制

12.1　任务指导

12.1.1　汇总记账凭证账务处理程序的特点

汇总记账凭证账务处理程序是根据原始凭证或汇总原始凭证编制记账凭证，再定期根据记账凭证分类编制汇总收款凭证、汇总付款凭证和汇总转账凭证，然后根据汇总记账凭证登记总分类账的一种账务处理程序。

由于汇总记账凭证是根据一定时期内的全部记账凭证，按照科目对应关系进行归类、汇总编制的，所以便于了解账户之间的对应关系，便于查对账目。另外，总分类账可根据汇总记账凭证于月终一次登记入账，减轻了登记总分类账的工作量。但是，汇总转账凭证是按每一贷方科目设置，而不是按经济业务的性质归类和汇总，因而不利于会计核算的日常分工，而且当转账凭证较多时，编制汇总转账凭证的工作量较大。汇总记账凭证账务处理程序通常适用于规模大、经济业务较多的单位。

12.1.2　汇总记账凭证的编制方法

1. 汇总收款凭证的编制方法

汇总收款凭证是按“库存现金”和“银行存款”科目分别编制的一种汇总记账凭证，它汇总了一定时期内库存现金、银行存款的收款业务。汇总收款凭证的编制方法是首先分别按“库存现金”、“银行存款”科目的借方设置汇总收款凭证，再将需要汇总的收款凭证，按其对应的贷方科目进行汇总，计算出每一个贷方科目发生额合计数，填入汇总收款凭证中，月终，根据计算出的每个贷方科目发生额合计数，登记总分类账。汇总收款凭证的汇总时间一般为5天、10天或15天。

2. 汇总付款凭证的编制方法

汇总付款凭证是按“库存现金”和“银行存款”科目分别编制的一种汇总记账凭证，它汇总了一定时期内库存现金、银行存款的付款业务。汇总付款凭证的编制方法是首先分别按“库存现金”、“银行存款”科目的贷方设置汇总付款凭证，再将需要汇总的付款凭证，按其对应的借方科目进行汇总，计算出每一个借方科目发生额合计数，填入汇总付款凭证中，月终，根据计算出的每个借方科目发生额合计数，登记总分类账。汇总付款凭证的汇总时间一般为5天、10天或15天。

3. 汇总转账凭证的编制方法

汇总转账凭证是按转账凭证中每一贷方科目分别设置的一种汇总记账凭证，它汇总了一定时期内的转账业务。汇总转账凭证的编制方法是首先将需要汇总的转账凭证，按与该贷方科目相对应的借方科目归类汇总，计算出每一个借方科目发生额合计数，填入汇总转账凭证中，月终，根据计算出的每个借方科目发生额合计数，登记总分类账。汇总转账凭证的汇总时间一般为5天、10天或15天。

在汇总记账凭证核算程序下，为了便于编制汇总转账凭证，所有转账凭证只能按一个贷方科目与一个或几个借方科目对应来填制，不能填制一个借方科目与几个贷方科目相对应的转账凭证，即可以填制一借一贷和多借一贷的转账凭证，不宜填制一借多贷的转账凭证。这样有时会把一笔完整的会计业务拆成几笔会计分录，不能反映经济业务的全貌。

12.2 任务训练

12.2.1 任务资料

宏达公司对2011年4月所发生的经济业务编制记账凭证见表12-1～表12-3。

表12-1 **收 款 凭 证**

借方科目：银行存款　　　　2011年4月1日　　　　银收 字第 1 号

摘　要	贷方科目		金　额									
	总账科目	明细科目	百	十	万	千	百	十	元	角	分	
收到前欠货款	应收账款	达力公司		6	5	5	2	0	0	0	0	附件1张
合　计			¥	6	5	5	2	0	0	0	0	

会计主管：　　　记账：　　　复核：　　　出纳：　　　制单：

表 12-2 **转　账　凭　证**

2011 年 4 月 1 日　　　　　　转 字第 1 号

摘要	会计科目	明细科目	借方金额 千	百	十	万	千	百	十	元	角	分	贷方金额 千	百	十	万	千	百	十	元	角	分
生产领用	生产成本	A 产品					1	0	0	0	0	0										
	原材料	甲材料															1	0	0	0	0	0
合　计						¥	1	0	0	0	0	0				¥	1	0	0	0	0	0

附件 1 张

会计主管：　　记账：　　复核：　　出纳：　　制单：

表 12-3 **付　款　凭　证**

贷方科目：银行存款　　2011 年 4 月 2 日　　银付字第 1 号

摘　要	借方科目 总账科目	明细科目	金额 百	十	万	千	百	十	元	角	分
偿还货款	应付账款	三明公司			5	8	5	0	0	0	0
合　计				¥	5	8	5	0	0	0	0

附件 1 张

会计主管：　　记账：　　复核：　　出纳：　　制单：

限于篇幅，下面用会计分录代替记账凭证来反映宏达公司 4 月份余下的经济业务。

4 月 3 日（现收 1 号）	借：库存现金	100	
	贷：其他应收款——王飞		100
4 月 3 日（转 2 号）	借：管理费用	1 600	
	贷：其他应收款——王飞		1 600
4 月 4 日（转 3 号）	借：生产成本——A 产品	18 000	
	贷：原材料——甲材料		10 000
	——乙材料		8 000
4 月 6 日（银收 2 号）	借：银行存款	140 400	
	贷：主营业务收入——A 产品		120 000
	应交税费——应交增值税（销项税额）		20 400
4 月 8 日（银付 2 号）	借：短期借款	20 000	
	贷：银行存款		20 000
4 月 9 日（转 4 号）	借：制造费用	200	
	贷：原材料——甲材料		200
4 月 10 日（转 5 号）	借：生产成本——A 产品	20 000	
	——B 产品	13 000	

	制造费用	8 000	
	管理费用	17 000	
	贷：应付职工薪酬		58 000
4 月 10 日（银付 3 号）	借：库存现金	58 000	
	贷：银行存款		58 000
4 月 10 日（现付 1 号)	借：应付职工薪酬	58 000	
	贷：库存现金		58 000
4 月 11 日（银收 3 号）	借：银行存款	117 000	
	贷：主营业务收入——B 产品		100 000
	应交税费——应交增值税（销项税额）		17 000
4 月 12 日（转 6 号）	借：生产成本——B 产品	20 000	
	贷：原材料——甲材料		11 000
	——乙材料		9 000
4 月 14 日（现付 2 号）	借：制造费用	320	
	管理费用	650	
	贷：库存现金		970
4 月 15 日（银付 4 号）	借：原材料——甲材料	20 000	
	应交税费——应交增值税(进项税额)	3 400	
	贷：银行存款		23 400
4 月 16 日（银付 5 号）	借：销售费用	2 000	
	贷：银行存款		2 000
4 月 17 日（银收 4 号）	借：银行存款	46 800	
	贷：主营业务收入——A 产品		40 000
	应交税费——应交增值税（销项税额）		6 800
4 月 19 日（转 7 号）	借：生产成本——A 产品	20 000	
	贷：原材料——甲材料		12 000
	——乙材料		8 000
4 月 21 日（银付 6 号）	借：制造费用	22 000	
	管理费用	8 000	
	贷：银行存款		30 000
4 月 22 日（转 8 号）	借：库存商品——A 产品	18 000	
	——B 产品	20 000	
	贷：生产成本——甲材料		24 000
	——乙材料		14 000
4 月 25 日（现付 3 号）	借：营业外支出	150	
	贷：库存现金		150
4 月 30 日(转 9 号)	借：制造费用	2 400	
	管理费用	800	
	贷：累计折旧		3 200
4 月 30 日（转 10 号）	借：财务费用	600	

	贷：应付利息		600
4月30日(转11号)	借：生产成本——A产品	21 820	
	——B产品	11 100	
	贷：制造费用		32 920
4月30日（转12号）	借：主营业务成本——A产品	105 000	
	——B产品	68 000	
	贷：库存商品——A产品		105 000
	——B产品		68 000
4月30日（转13号）	借：营业税金及附加	3 290	
	贷：应交税费——应交城建税		2372
	——应交教育费附加		918
4月30日（转14号）	借：主营业务收入——A产品	160 000	
	——B产品	100 000	
	贷：本年利润		260 000
4月30日（转15号）	借：本年利润	207 090	
	贷：主营业务成本——A产品		105 000
	——B产品		68 000
	营业税金及附加		3 290
	财务费用		600
	管理费用		28 050
	营业外支出		150
	销售费用		2 000

12.2.2 任务要求

(1) 根据以上记账凭证，编制汇总收款凭证（见表12-4、表12-5）。

(2) 根据以上记账凭证，编制汇总付款凭证（见表12-6、表12-7）。

(3) 根据以上记账凭证，编制“原材料”、“生产成本”、“主营业务收入”和“应交税费”的汇总转账凭证（见表12-8～表12-11）。其他汇总转账凭证从略，不需编制。

表12-4 **汇总收款凭证**

借方科目：库存现金　　　　年　月　日　　　　汇收第　号

贷方科目	金额				总账页数	
	1-10日凭证 号至 号	11-20日凭证 号至 号	21-30日凭证 号至 号	合计	借方	贷方
合计						

表 12-5 汇总收款凭证

借方科目：银行存款　　　　年　　月　　日　　　　汇收第　　号

贷方科目	金额				总账页数	
	1-10 日凭证 号至　号	11-20 日凭证 号至　号	21-30 日凭证 号至　号	合计	借方	贷方
合计						

表 12-6 汇总付款凭证

贷方科目：库存现金　　　　年　　月　　日　　　　汇付第　　号

借方科目	金额				总账页数	
	1-10 日凭证 号至　号	11-20 日凭证 号至　号	21-30 日凭证 号至　号	合计	借方	贷方
合计						

表 12-7 **汇 总 付 款 凭 证**

贷方科目：银行存款　　　　　　　　年　　月　　日　　　　　　　　汇付第　　号

借方科目	金额				总账页数	
	1-10 日凭证 号至　号	11-20 日凭证 号至　号	21-30 日凭证 号至　号	合 计	借方	贷方
合计						

表 12-8 **汇 总 转 账 凭 证**

贷方科目：　　　　　　　　年　　月　　日　　　　　　　　汇转第　　号

借方科目	金额				总账页数	
	1-10 日凭证 号至　号	11-20 日凭证 号至　号	21-30 日凭证 号至　号	合 计	借方	贷方
合计						

表 12-9 **汇 总 转 账 凭 证**

贷方科目： 年 月 日 汇转第 号

<table>
<tr><td rowspan="2">借方科目</td><td colspan="4">金 额</td><td colspan="2">总账页数</td></tr>
<tr><td>1-10 日凭证
号至 号</td><td>11-20 日凭证
号至 号</td><td>21-30 日凭证
号至 号</td><td>合 计</td><td>借方</td><td>贷方</td></tr>
<tr><td></td><td></td><td></td><td></td><td></td><td></td><td></td></tr>
<tr><td></td><td></td><td></td><td></td><td></td><td></td><td></td></tr>
<tr><td></td><td></td><td></td><td></td><td></td><td></td><td></td></tr>
<tr><td></td><td></td><td></td><td></td><td></td><td></td><td></td></tr>
<tr><td>合计</td><td></td><td></td><td></td><td></td><td></td><td></td></tr>
</table>

表 12-10 **汇 总 转 账 凭 证**

贷方科目： 年 月 日 汇转第 号

<table>
<tr><td rowspan="2">借方科目</td><td colspan="4">金 额</td><td colspan="2">总账页数</td></tr>
<tr><td>1-10 日凭证
号至 号</td><td>11-20 日凭证
号至 号</td><td>21-30 日凭证
号至 号</td><td>合 计</td><td>借方</td><td>贷方</td></tr>
<tr><td></td><td></td><td></td><td></td><td></td><td></td><td></td></tr>
<tr><td></td><td></td><td></td><td></td><td></td><td></td><td></td></tr>
<tr><td></td><td></td><td></td><td></td><td></td><td></td><td></td></tr>
<tr><td></td><td></td><td></td><td></td><td></td><td></td><td></td></tr>
<tr><td>合计</td><td></td><td></td><td></td><td></td><td></td><td></td></tr>
</table>

表 12-11 **汇 总 转 账 凭 证**

贷方科目： 年 月 日 汇转第 号

<table>
<tr><td rowspan="2">借方科目</td><td colspan="4">金 额</td><td colspan="2">总账页数</td></tr>
<tr><td>1-10 日凭证
号至 号</td><td>11-20 日凭证
号至 号</td><td>21-30 日凭证
号至 号</td><td>合 计</td><td>借方</td><td>贷方</td></tr>
<tr><td></td><td></td><td></td><td></td><td></td><td></td><td></td></tr>
<tr><td></td><td></td><td></td><td></td><td></td><td></td><td></td></tr>
<tr><td></td><td></td><td></td><td></td><td></td><td></td><td></td></tr>
<tr><td></td><td></td><td></td><td></td><td></td><td></td><td></td></tr>
<tr><td>合计</td><td></td><td></td><td></td><td></td><td></td><td></td></tr>
</table>

任务 13　科目汇总表的编制

13.1 任务指导

13.1.1 科目汇总表账务处理程序的特点

科目汇总表账务处理程序又称记账凭证总表账务处理程序，它是根据记账凭证定期编制科目汇总表，再根据科目汇总表登记总分类账的一种账务处理程序。

由于科目汇总表账务处理程序是根据定期编制的科目汇总表登记账簿，因此减轻了登记总分类账的工作量，并可做到试算平衡，简单易懂。但是，按照相同科目归类编制的科目汇总表只反映各科目的借方本期发生额和贷方本期发生额，不能反映账户的对应关系，不便于查对账目。科目汇总表账务处理程序一般适用于业务量较多的单位。

13.1.2 科目汇总表的编制方法

依据借贷记账法的基本原理，科目汇总表中全部会计科目的借方发生额合计与贷方发生额合计应该相等，因此，科目汇总表具有试算平衡的作用。科目汇总表汇总的时间应根据单位业务量的大小来确定，一般可以 5 天、10 天或 15 天汇总一次。

科目汇总表的编制方法如下。

(1) 将汇总期内各项经济业务所涉及的会计科目填制在“会计科目”栏。为了便于登记总分类账，会计科目的排列顺序应与总分类账上的会计科目的顺序一致。

(2) 根据汇总期内的全部记账凭证，按会计科目分别加总借方发生额和贷方发生额，并将其填列在相应会计科目行的“借方金额”和“贷方金额”栏。

(3) 将汇总完毕的所有会计科目的借方发生额和贷方发生额汇总，填入“合计”栏。

(4) 把所汇总的记账凭证起止编号登记在“记账凭证起讫号数”栏。

13.2 任务训练

13.2.1 任务资料

见 12.2.1 的任务资料，即宏达公司对 2011 年 4 月份所发生的经济业务编制的记账凭证。

13.2.2 任务要求

宏达公司每 10 天编制一次科目汇总表，根据上述资料编制该公司 4 月份的科目汇总表（表 13-1～表 13-3）。

表 13-1 **科目汇总表**

年　　月　　日— 　　年　　月　　日　　　　　　科汇第　　号

会计科目	过账	本期发生额		记账凭证起讫号数
		借　方	贷　方	
合　计				

表 13-2 **科 目 汇 总 表**

年　　月　　日—　　年　　月　　日　　　　科汇第　　号

会计科目	过账	本期发生额		记账凭证起讫号数
		借　方	贷　方	
合　计				

表13-3 科目汇总表

年　月　日—　年　月　日　　　　科汇第　号

会计科目	过账	本期发生额		记账凭证起讫号数
		借　方	贷　方	
合　计				

项目七　会计报表的编制

项目目标

1. 熟悉资产负债表的基本结构和编制要求。
2. 熟悉利润表的基本结构和编制要求。
3. 会编制资产负债表和利润表。

任务 14　资产负债表的编制

14.1　任务指导

资产负债表是反映企业某一特定时点的财务状况的会计报表，是根据“资产＝负债＋所有者权益”这一会计恒等式而设计的。资产负债表按照一定的分类标准和顺序，把企业一定日期的资产、负债和所有者权益各项目予以适当安排，反映企业资产、负债、所有者权益的总体规模和结构，属于静态报表。

14.1.1　资产负债表的结构

资产负债表一般由表首和正表两部分组成。其中表首概括说明报表名称、编制单位、编制日期、报表编号、货币名称、计量单位等。正表是资产负债表的主体，列示了用以说明企业某一特定日期财务状况的各个项目。

目前国际上流行的资产负债表格式主要有报告式和账户式两种。我国企业的资产负债表的格式采用账户式。资产负债表分左右两方，左方为资产项目，反映全部资产的分布及存在形态，按资产的流动性大小排列，流动性大的排在前面。右方为负债和所有者权益(或股东权益)项目，反映全部负债和所有者权益的内容及构成情况。负债按照求偿权先后顺序排列，所有者权益则按在企业的永久性程度进行排列。

14.1.2　资产负债表的编制方法

资产负债表一般采用对比式填列，即各项目均须填列“年初余额”和“期末余额”，这样有利于进行纵向对比分析，了解各项目在本期的增减变动，便于年末现金流量表的编制。

“年初余额”栏内各项数字，应根据上年末(12 月 31 日)资产负债表“期末余额”栏内所列数字填列。如果本年度资产负债表规定的各项目名称和内容与上年度不一致，应对上一年年末资产负债表各项目的名称和数字按照本年度的规定进行调整，填入本年度资产负债表“年初余额”栏内。

“期末余额”栏内各项数字则分为月末、季末或年末的数字，应根据会计账簿记录填列。其中大多数项目可直接根据总分类账户的期末余额填列，少数报表项目则需要根据一个或几个总分类账户或明细分类账户余额分析计算填列。具体填列方法归纳起来主要有以下几种情况。

1. 直接根据总分类账户的期末余额填列

根据有关总分类账户的期末余额直接填列的报表项目有“应收票据”、“应收股利”、“应收利息”、“固定资产清理”、“递延所得税负债”、“短期借款”、“交易性金融负债”、“应付票据”、“应付利息”、“应付股利”、“应付职工薪酬”、“其他应付款”、“应交税费”、“实收资本(股本)”、“资本公积”、“盈余公积”等。一般情况下，资产类项目根据总分类账户借方余额填列，负债类和所有者权益类项目根据总分类账户贷方余额填列。

2. 根据几个总分类账户的期末余额分析计算填列

当报表项目与账户名称不一致时，应根据各个指标的含义和有关账户的关系，对几个账户余额分析计算进行填列，主要有“货币资金”、“存货”、“未分配利润”等项目。

(1)“货币资金”项目，应根据“库存现金”、“银行存款”、“其他货币资金”账户的期末余额合计填列。

(2)“存货”项目，应根据“原材料”、“材料采购”(在途物资)、“库存商品”、“生产成本”、“周转材料”、“材料成本差异”、“委托加工物资”、“发出商品”等账户期末余额之和(“材料成本差异”若为贷方余额，则相减)再减去“存货跌价准备”账户的期末余额填列。

(3)“未分配利润”项目，平时应根据“本年利润”账户和“利润分配”账户的余额计算填列，未弥补的亏损，用“-”填列；“本年利润”账户和“利润分配”账户的余额均在贷方的，用二者余额之和填列；余额均在借方的，用二者余额之和以“-”填列；二者余额一个在借方，一个在贷方的，用二者余额相抵后的差额填列，如为借差以“-”填列。但在年末时，可直接根据“利润分配”账户的期末余额进行填列，余额在贷方直接填列，余额在借方以“-”填列。

3. 根据有关总分类账户和明细账户期末余额分析计算填列

报表中需要根据总分类账户和明细账户的余额分析填列的项目主要有“长期应收款”、“长期待摊费用”、“长期借款”、“应付债券”、“长期应付款”等。例如，报表中“长期借款”项目应根据“长期借款”总分类账户贷方余额扣除“长期借款”所属明细账户中反映的将于一年内(含一年)到期的长期借款部分分析计算填列；“长期应收款”项目应根据“长期应收款”总分类账户贷方余额扣除“长期应收款”所属明细账户中反映的将于一年内(含一年)到期的长期应收款部分分析计算填列。

4. 根据有关明细账户的期末余额分析计算填列

资产负债表中应根据有关明细账户的期末余额分析填列的项目主要有“应收账款”、“预付账款”、“应付账款”和“预收账款”。

(1)“应收账款”项目应根据“应收账款”和“预收账款”各明细账户的期末借方余额之和，再减去“坏账准备”账户中有关应收账款计提的坏账准备期末贷方余额后的数额填列。

(2)“预收账款”项目应根据“预收账款”和“应收账款”各明细账户的期末贷方余额之和合计填列。

(3)“应付账款”项目应根据“应付账款”和“预付账款”各明细账户的期末贷方余额之和合计填列。

(4)“预付账款”项目应根据“预付账款”和“应付账款”各明细账户的期末借方余额之和合计填列。

5. 根据有关资产账户与其备抵账户相减后的净额填列

资产负债表应根据有关资产账户与其备抵账户相减后的净额进行填列的项目主要有“应收账款”、“应收票据”、“其他应收款”、“存货”、“持有至到期投资”、“长期股权投资”、“固定资产”、“在建工程”、“无形资产”等。例如，“持有至到期投资”项目应根据“持有至到期投资”账户余额减去“持有至到期投资减值准备”账户的余额后的金额填列；“固定资产”项目，应根据“固定资产”账户的期末借方余额减去“累计折旧”、“固定资产减值准备”等账户的期末贷方余额填列。

14.2 任务训练

14.2.1 任务资料

(1) 春蓝公司 2011 年 5 月 31 日有关总分类账与明细账余额(见表 14-1)。

(2) 春蓝公司 2011 年 12 月 31 日各账户余额(见表 14-2、表 14-3)。

表 14-1 **春蓝公司相关账户期末余额**　　单位：元

总分类账户余额		明细分类账户余额	
应收账款	60 000(借方)	A 公司	100 000(借方)
		B 公司	40 000(贷方)
预付账款	30 000(借方)	C 公司	45 000(借方)
		D 公司	15 000(贷方)
应付账款	50 000(贷方)	E 公司	65 000(贷方)
		F 公司	15 000(借方)
预收账款	20 000(贷方)	G 公司	45 000(贷方)
		H 公司	25 000(借方)
长期借款	900 000(贷方)	中国银行	300 000(2011 年 11 月 5 日到期)
		中国工商银行	600 000
本年利润	500 000(贷方)		
利润分配	450 000(借方)		

表 14-2 **春蓝公司总分类账户余额**　　单位：元

账户名称	借方金额	账户名称	贷方金额
库存现金	8 500	短期借款	35 000
银行存款	120 800	应付账款	6 500
应收账款	46 000	预收账款	8 600
预付账款	11 000	应交税费	4 800
应收利息	5 600	应付利息	5 600
原材料	6 100	应付职工薪酬	94 000
生产成本	8 200	长期借款	75 000
库存商品	9 300	坏账准备	950
持有至到期投资	86 000	累计折旧	12 500
长期股权投资	94 000	实收资本	170 000
固定资产	79 800	资本公积	37 000
无形资产	9 900	盈余公积	22 000
利润分配	12 000	本年利润	25 250
合 计	497 200	合 计	497 200

表 14-3 **春蓝公司有关明细账户余额**　　单位：元

总分类账户余额		明细分类账户余额	
应收账款	46 000(借方)	A 公司	90 000(借方)
		B 公司	44 000(贷方)
预付账款	11 000(借方)	C 公司	25 000(借方)
		D 公司	14 000(贷方)
应付账款	6 500(贷方)	E 公司	9 500(贷方)
		F 公司	3 000(借方)
预收账款	8 600(贷方)	G 公司	8 600(贷方)
长期借款	75 000(贷方)	中国银行	40 000
		中国工商银行	35 000(下月到期)

14.2.2 任务要求

(1) 根据表 14-1 的资料计算确定春蓝公司 5 月份的资产负债表相关项目的金额，填入表 14-4。

(2) 根据表 14-2 和表 14-3 的资料编制春蓝公司资产负债表(见表 14-5，表中年初余额不需填制)。

表 14-4 **春蓝公司资产负债表相关项目计算表** 单位：元

项目名称	计算过程	金额	
		借　方	贷　方
应收账款			
预付账款			
应付账款			
预收账款			
长期借款			
未分配利润			
一年内到期的非流动负债			

表 14-5 **资 产 负 债 表** 会企 01 表

编制单位：　　　　年　　月　　日　　　　单位：元

资产	行次	期末余额	年初余额	负债和所有者权益	行次	期末余额	年初余额
流动资产：				流动负债：			
货币资金				短期借款			
交易性金融资产				交易性金融负债			
应收票据				应付票据			
应收账款				应付账款			
预付账款				预收账款			
其他应收款				应付职工薪酬			
应收利息				应交税费			
应收股利				应付利息			
存货				应付股利			

续表

资产	行次	期末余额	年初余额	负债和所有者权益	行次	期末余额	年初余额
一年内到期的非流动资产				其他应付款			
其他流动资产				一年内到期的非流动负债			
流动资产合计				其他流动负债			
非流动资产：				**流动负债合计**			
可供出售金融资产				**非流动负债：**			
持有至到期投资				长期借款			
长期应收款				应付债券			
长期股权投资				递延所得税负债			
固定资产				其他非流动负债			
在建工程				非流动负债合计			
工程物资				**负债合计**			
固定资产清理				**所有者权益(或股东权益)：**			
无形资产				实收资本			
商誉				资本公积			
长期待摊费用				盈余公积			
递延所得税资产				未分配利润			
其他非流动资产				**所有者权益(或股东权益)合计**			
非流动资产合计							
资产总计				**负债和所有者权益总计**			

任务 15　利润表的编制

15.1　任务指导

利润表是反映企业在一定会计期间经营成果的报表，是根据“收入－费用＝利润”这一会计等式而设计的，属于动态报表。通过利润表可以分析利润增减变化的原因、公司的经营成本，做出投资价值评价等。

15.1.1　利润表的结构

利润表一般包括表首、正表两部分。表首有报表名称、编制单位、编制日期、报表编号、货币名称、计量单位等；正表是利润表的主体，利润表分项列示了企业在一定会计期间因销售商品、提供劳务、对外投资等所取得的各项收入，以及与各项收入相对应的费用、损失，并将收入和费用相配比，计算出企业的净利润。利润表正表的结构有单步式和多步式两种，我国企业的利润表采用多步式。多步式利润表是按照企业利润的构成内容，分层次、分步骤地逐项计算编制，能够分层次地提供利润总额的构成，主要包括四大部分，分别为营业收入、营业利润、利润总额、净利润。

15.1.2 利润表的编制方法

多步式利润表的栏目分“本期金额”和“上期金额”两栏。“上期金额”栏的数字应根据上年该企业利润表“本期金额”栏内所列数字填列。如果上期利润表的项目名称和内容与本期利润表不一致，应对上期利润表项目的名称和数字按本期的规定进行调整，填入利润表“上期金额”栏内。

“本期金额”栏的数字填列方法归纳起来有以下几种。

1. 根据各相应账户的本期发生额直接填列

根据各相应账户的本期发生额直接填列的项目主要有“营业税金及附加”、“销售费用”、“管理费用”、“财务费用”、“资产减值损失”、“公允价值变动收益”(如为公允价值变动损失加“-”)、“投资收益”(如为投资损失加“-”)、“营业外收入”、“营业外支出”和“所得税费用”。

2. 根据有关账户的本期发生额之和填列

根据有关账户的本期发生额之和填列的项目主要有“营业收入”和“营业成本”。“营业收入”项目根据“主营业务收入”和“其他业务收入”本期发生额之和进行填列，“营业成本”项目根据“主营业务成本”和“其他业务成本”本期发生额之和进行填列。

3. 根据表中数据计算结果填列

根据利润表中数据计算结果填列的项目主要有“营业利润”、“利润总额”、“净利润”。这三个项目按照其所属加减项目计算填列，如“净利润”项目根据“利润总额”扣除“所得税费用”之后的金额填列。

月度利润表与年度利润表的编制方法有所不同。月度利润表的“本期金额”栏反映各项目的本月实际发生额，而年度利润表的“本期金额”栏反映各项目自年初起至本月末止的累计发生额。

15.2 任务训练

15.2.1 任务资料

(1) 万达公司 2011 年 8 月损益类账户发生额(见表 15-1)。

(2) 万达公司 2010 年和 2011 年损益类账户发生额(见表 15-2)。

表 15-1 **万达公司 8 月损益类账户发生额** 单位：元

账户名称	借方金额	贷方金额
主营业务收入		560 000
其他业务收入		42 000
投资收益		27 500
营业外收入		5 600
主营业务成本	154 000	
销售费用	23 000	
营业税金及附加	5 600	
其他业务成本	18 500	
管理费用	121 000	
财务费用	6 300	
公允价值变动损益	6 200	
营业外支出	950	
所得税费用	74 887.50	

表 15-2 **万达公司 2010 年和 2011 年损益类账户发生额** 单位：元

账户名称	2010 年发生额		2011 年发生额	
	借　方	贷　方	借　方	贷　方
主营业务收入		1 425 000		2 860 000
其他业务收入		89 500		75 600
营业外收入		72 000		81 000
公允价值变动损益		11 000		19 500
投资收益	34 000			56 000
主营业务成本	412 000		765 000	
销售费用	68 120		92 800	
营业税金及附加	16 400		52 500	
其他业务成本	72 300		16 200	
管理费用	324 000		626 800	
财务费用	89 500		242 000	
营业外支出	9 200		8 500	
所得税费用	142 995.00		322 075.00	

15.2.2　任务要求

(1) 根据表 15-1 的资料编制万达公司 2011 年 8 月份利润表，填入表 15-3(表中上期金额省略不填)。

(2) 根据表 15-2 的资料编制万达公司 2011 年度利润表，填入表 15-4。

表 15-3　**利 润 表**　　会企 02 表

编制单位：　　年　月　　单位：元

项　　目	本期金额	上期金额
一、营业收入		
减：营业成本		
营业税金及附加		
销售费用		
管理费用		
财务费用		
加：公允价值变动收益(损失以“—”号填列)		
投资收益(损失以“—”号填列)		
其中：对联营企业和合营企业的投资收益		
二、营业利润(亏损以“—”号填列)		
加：营业外收入		
减：营业外支出		
其中：非流动资产处置损失		
三、利润总额(亏损以“—”号填列)		
减：所得税费用		
四、净利润(净亏损以“—”号填列)		
五、每股收益		
(一) 基本每股收益		
(二) 稀释每股收益		

表 15-4 **利 润 表**

会企 02 表

编制单位：　　　　　　　　　　　　年　　月　　　　　　　　　　　单位：元

项　　目	本期金额	上期金额
一、营业收入		
减：营业成本		
营业税金及附加		
销售费用		
管理费用		
财务费用		
加：公允价值变动收益(损失以“—”号填列)		
投资收益(损失以“—”号填列)		
其中：对联营企业和合营企业的投资收益		
二、营业利润(亏损以“—”号填列)		
加：营业外收入		
减：营业外支出		
其中：非流动资产处置损失		
三、利润总额(亏损以“—”号填列)		
减：所得税费用		
四、净利润(净亏损以“—”号填列)		
五、每股收益		
(一) 基本每股收益		
(二) 稀释每股收益		

项目八 综合实训

项目目标

1. 熟悉会计实务工作流程。
2. 能熟练处理企业各种基础经济业务。
3. 掌握会计工作流程各环节的实务操作。

任务 16 企业基础业务综合实训

16.1 资料准备

在进行实训前，指导教师应为每位实训同学准备好如下实训材料。

(1) 会计凭证：收款凭证 20 张，付款凭证 32 张，转账凭证 35 张；或通用记账凭证 85 张。

(2) 账页。

① 日记账账页：三栏式库存现金日记账账页 1 张，三栏式银行存款日记账账页 1 张。

② 总账账页：三栏式订本账 1 本。

③ 明细账账页：三栏式账页 8 张，多栏式账页 7 张，数量金额式账页 6 张。

(3) 科目汇总表：3 张。

(4) 会计报表：资产负债表和利润表各 1 张。

16.2 任务程序

本实训建议按照下述程序进行。

1. 实训前指导

配备的专业实训指导教师在实训开始前，讲解本次的实训任务、实训要求、考核方法、计划安排、注意事项等。

本实训建议由一人独立完成，以便系统地掌握整个会计处理流程。

2. 开设账户

(1) 开设三栏式日记账：库存现金和银行存款。

(2) 开设明细账。

① 开设三栏式明细账：应收账款、预收账款、应付账款、预付账款。

② 开设数量金额式明细账：原材料、库存商品。

③ 开设多栏式明细账：生产成本、制造费用、管理费用、销售费用、本年利润。

其他明细账从略，可不开设。

(3) 开设三栏式总账。

本实训是模拟企业 2011 年 12 月份的业务，建账时以 2011 年 11 月末的数据作为期初余额。

3. 填制会计凭证

(1) 填制原始凭证：根据经济业务的内容和要求，整理或填制原始凭证或填制原始凭证汇总表并审核。

(2) 填制记账凭证：根据原始凭证或原始凭证汇总表填制并审核。

4. 登记账簿

(1) 登记日记账：根据收款凭证和付款凭证或通用凭证逐笔登记库存现金和银行存款日记账。

(2) 登记明细账：根据原始凭证和记账凭证登记各种明细账。

(3) 编制科目汇总表：按旬根据记账凭证编制一张科目汇总表。

(4) 登记总分类账：根据科目汇总表登记总分类账。

(5) 期末对账、结账。

5. 编制会计报表

期末，根据总分类账、明细分类账、期初资料等编制资产负债表和利润表。

6. 会计资料归档

(1) 整理、装订凭证。

(2) 分别整理、装订明细账。

(3) 整理、装订会计报表。

7. 实训结束

实训指导教师对学生完成的情况进行检查、评析、考核。

16.3 企业概况

苏州佳强有限责任公司(以下简称佳强公司)是一家生产椅子的家具企业，拥有两个生产车间和一个车间管理部门，被认定为增值税一般纳税人。佳强公司生产销售的产品为佳强牌方椅和圆椅。第一车间生产方椅，第二车间生产圆椅。椅子原料主要是木材、油漆和螺丝。

企业地址：苏州市东方大道 900 号

邮政编码：215008

法人代表：吴启嘉

开户银行：建设银行东方大道支行

账　　号：320503557800

税务登记号：522330102263155

记账本位币：人民币

财务主管：张晶

16.4 企业期初资料

佳强公司 2011 年 11 月末总分类账、明细分类账余额(见表 16-1、表 16-2)。

表 16-1 2011 年 11 月末总分类账余额

单位：元

总账账户	借方期末余额	总账账户	贷方期末余额
库存现金	4 600	短期借款	50 000
银行存款	121 500	应付账款	90 000
应收票据	20 000	应付利息	500
应收账款	115 000	应交税费	6 000
预付账款	10 000	实收资本	2 000 000
其他应收款	200	资本公积	250 000
原材料	281 600	盈余公积	178 400
库存商品	317 000	本年利润	1 350 000
固定资产	3 800 000	利润分配	85 000
		累计折旧	660 000
合　计	4 669 900	合　计	4 669 900

表 16-2 2011 年 11 月末明细分类账余额

单位：元

总账账户	明细账户	计量单位	数量	单价	借方金额	贷方金额
应收票据	公明公司				20 000	
应收账款	公明公司				100 000	
	胜利公司				15 000	
预付账款	宏光公司				10 000	
其他应收款	杨昊强				200	
原材料	木材	立方米	90	3 000	270 000	
	油漆	千克	120	50	6 000	
	螺丝	千克	140	40	5 600	
库存商品	方椅	把	800	360	288 000	
	圆椅	把	100	290	29 000	
短期借款	建设银行					50 000
应付账款	常青公司					6 000
	康美公司					84 000
应付利息	建设银行					500

注：实训中的所有运费均不考虑增值税的抵扣。

16.5 企业经济业务与实训要求

16.5.1 上旬经济业务

12 月 1 日(星期四)

(1) 原料库发出木材 80 立方米、油漆 100 千克、螺丝 100 千克。其中第一车间领用木材 40 立方米、油漆 60 千克、螺丝 70 千克，第二车间领用木材 35 立方米、油漆 40 千克、螺丝 30 千克，车间管理部门领用木材 3 立方米，行政管理部门领用木材 2 立方米。

要求：填制领料单，根据领料单编制转账凭证。

(2) 向建设银行借入款项 100 000 元，3 个月期，年利率 6%，到期一次还本付息，款项已存入银行。

要求：根据银行借款凭证编制收款凭证。

12 月 2 日(星期五)

(3) 用银行存款支付广告费 50 000 元。

要求：根据支票存根和发票编制付款凭证。

(4) 与明胜有限公司签订一项销售合同，明胜有限公司预付我公司货款 50 000 元，剩余款项在交货后付清。

要求：根据银行收账通知和收据编制收款凭证。

(5) 从康美公司购入木材 200 立方米，每立方米 2 950 元，货款 590 000 元，增值税 100 300 元，货款未付，材料尚未验收入库。

要求：根据增值税专用发票编制转账凭证。

12 月 5 日(星期一)

(6) 向宏野有限公司购入不需要安装的设备 1 台，价款合计 58 500 元，签发转账支票付款。

要求：签发转账支票，根据支票存根、增值税专用发票和固定资产验收单编制付款凭证。

(7) 开出现金支票，支付开创运输公司运送从康美公司购入的木材运费 10 000 元，木材验收入库。

要求：签发现金支票，根据支票存根和运费发票编制付款凭证；填制收料单，根据收料单编制转账凭证。

(8) 收到龙盛公司根据投资协议投入的资本 500 000 元，款项存入银行。

要求：根据银行收账通知和收据编制收款凭证。

12 月 6 日(星期二)

(9) 开出转账支票偿还前欠康美公司的货款 600 000 元。

要求：签发转账支票，根据支票存根编制付款凭证。

(10) 向明胜有限公司(地址：杭州市司前路 600 号，纳税人识别号：123444770333640)销售圆椅 200 把，单价每把 400 元，增值税 13 600 元，余款收回。

要求：填制增值税专用发票，根据专用发票编制转账凭证；根据银行收账通知编制收款凭证。

12 月 7 日(星期三)

(11) 行政管理部门用现金购买办公用品 420 元。

要求：根据商业发票编制付款凭证。

(12) 向开元有限公司购入油漆 200 千克，单价每千克 50 元；螺丝 50 千克，单价每千克 40 元；价款共计 12 000 元，增值税 2 040 元。款项用银行存款支付，材料已经验收入库。

要求：填制收料单，根据收料单、增值税专用发票、支票存根编制付款凭证。

(13) 销售给林洋公司(地址：苏州市鹅库路 305 号，纳税人识别号：877695325569701)300 把方椅，单价每把 500 元，增值税 25 500 元，款项已收。

要求：填制增值税专用发票，根据专用发票、银行收账通知编制收款凭证。

12 月 8 日(星期四)

(14) 用银行存款支付律师咨询费 2 000 元。

要求：根据服务业发票、转账支票存根编制付款凭证。

(15) 用银行存款交纳 11 月份城市维护建设税 6 000 元。

要求：签发转账支票，根据支票存根和税收通用缴款书编制付款凭证。

(16) 行政管理人员报销办公费 300 元，以现金支付。

要求：根据商业发票编制付款凭证。

12 月 9 日(星期五)

(17) 车间管理人员报销办公费 1 100 元，以现金支付。

要求：根据商业发票编制付款凭证。

(18) 经批准将无法支付的前欠常青公司的货款 6 000 元转入营业外收入。

要求：根据内部转账单编制转账凭证。

(19) 收回公明公司前欠货款 80 000 元。

要求：根据银行收账通知编制收款凭证。

(20) 公司吴经理出差，预借差旅费 1 800 元，以现金支付。

要求：填制借款单，根据借款单编制付款凭证。

根据上旬经济业务编制的记账凭证，编制科目汇总表，据以登记总分类账，并结出各总分类账的余额，将其与有关的明细分类账核对相符。

16.5.2　中旬经济业务

12 月 12 日(星期一)

(21) 向胜利公司(地址：湖州市大庆路 147 号，纳税人识别号：361450559051132)销售方椅 600 把，单价每把 500 元；圆椅 400 把，单价每把 400 元，价款共计 460 000 元，增值税 78 200 元，款项已收存入银行。

要求：填制增值税专用发票，根据增值税专用发票、银行收账通知编制收款凭证。

(22) 向康美公司购入木材 100 立方米，单价 3 000 元，价款共计 300 000 元，增值税 51 000 元。款项未付，材料已经验收入库。

要求：填制收料单，根据收料单和增值税专用发票编制转账凭证。

12 月 13 日(星期二)

(23) 以现金支付业务招待费 600 元。

要求：根据服务业发票编制付款凭证。

(24) 以银行存款支付销售给胜利公司的产品运费 1 800 元。

要求：签发转账支票，根据支票存根和运费发票编制付款凭证。

(25) 原料库发出木材 50 立方米、油漆 10 千克、螺丝 20 千克。其中第一车间领用木材 30 立方米、油漆 4 千克、螺丝 10 千克，第二车间领用木材 20 立方米、油漆 6 千克、螺丝 9 千克，车间管理部门领用螺丝 1 千克。

要求：填制领料单，根据领料单编制转账凭证。

12 月 14 日(星期三)

(26) 签发转账支票向希望工程捐赠款项 30 000 元。

要求：根据支票存根和收据编制付款凭证。

(27) 签发现金支票支付专设销售机构的固定资产修理费用 2 500 元。

要求：填制现金支票，根据支票存根和收据编制付款凭证。

12 月 15 日(星期四)

(28) 签发现金支票从银行提现 150 000 元，备发工资。

要求：填制现金支票，根据支票存根编制付款凭证。

(29) 以现金 150 000 元发放工资。

要求：根据工资发放表编制付款凭证。

(30) 签发转账支票支付电费 12 600 元。

要求：签发转账支票和电费分配表，根据支票存根、电费分配表和电费结算单编制付款凭证。

(31) 销售给胜利公司方椅 500 把，单价每把 500 元，增值税 42 500 元，货款已收。

要求：填制增值税专用发票，根据增值税专用发票、银行收账通知编制收款凭证。

12 月 16 日(星期五)

(32) 收到职工杨昊强交来的前欠违纪罚款现金 200 元。

要求：填写收据，根据收据编制收款凭证。

(33) 向宏光公司购入油漆 120 千克，单价 48 元；螺丝 80 千克，单价 38 元，共计货款 8 800 元，增值税 1 496 元。余款开出转账支票支付，材料尚未入库。

要求：填制转账支票，根据转账支票和增值税专用发票编制付款凭证。

(34) 签发现金支票从银行提取现金 4 000 元备用。

要求：签发转账支票，根据支票存根编制付款凭证。

12 月 19 日(星期一)

(35) 行政管理部门购买办公用纸张花费 200 元，以现金付讫。

要求：根据商业发票编制付款凭证。

(36) 以银行存款支付向宏光公司购买的材料运费 400 元(运费按材料重量分配)。

要求：填制运费分配表，根据运费分配表、支票存根和运费发票编制付款凭证。

(37) 向宏光公司购买的材料验收入库。

要求：填制收料单，根据收料单编制转账凭证。

12 月 20 日(星期二)

(38) 销售给公明公司(地址：农收路 475 号，纳税人识别号：321175695011361)方椅 200 把，单价每把 500 元，增值税 17 000 元，收到对方签发的 4 个月期商业汇票一张。

要求：填制增值税专用发票、银行承兑汇票，根据增值税专用发票、银行承兑汇票编制转账凭证。

(39) 原料库发出木材 20 立方米、油漆 24 千克、螺丝 11 千克。其中第一车间领用木材 10 立方米、油漆 4 千克、螺丝 6 千克；第二车间领用木材 10 立方米、油漆 20 千克、螺丝 5 千克。

要求：填制领料单，根据领料单编制转账凭证。

(40) 吴经理出差回来，报销差旅费 1 750 元，退回现金 50 元。

要求：根据差旅费报销单编制转账凭证；填制收据，根据收据编制收款凭证。

根据中旬经济业务编制的记账凭证，编制科目汇总表，据以登记总分类账，并结出各总分类账的余额，将其与有关的明细分类账核对相符。

16.5.3　下旬经济业务

12 月 21 日(星期三)

(41) 以现金支付生产车间生产设备的修理费 600 元。

要求：根据收据编制付款凭证。

(42) 销售给胜利公司圆椅 150 把，单价每把 400 元，货款 60 000 元，增值税 10 200 元，款项尚未收到。

要求：填制增值税专用发票，根据增值税专用发票编制转账凭证。

(43) 以现金支付销售产品的运费 800 元。

要求：根据运费发票编制付款凭证。

12 月 22 日(星期四)

(44) 用现金支付行政部门电话费 480 元。

要求：根据发票编制付款凭证。

(45) 与阳光公司签订一项销售合同，该公司预付货款 25 000 元。

要求：根据银行收账通知和收据编制收款凭证。

(46) 开出转账支票一张，预付给宋城公司拟购材料款 20 000 元。

要求：根据支票存根和收据编制付款凭证。

12 月 23 日(星期五)

(47) 以现金支付合同违约金 1 500 元。

要求：根据收据编制付款凭证。

(48) 接到银行通知，收到胜利公司前欠货款 50 000 元。

要求：根据银行收账通知编制收款凭证。

12月26日(星期一)

(49) 出售给瑞丰公司(地址：孙武路 100 号，纳税人识别号：523605411009802)木材 50 立方米，销售单价每立方米 4 000 元，增值税 34 000 元，款项已收存银行。

要求：填制增值税专用发票，根据增值税专用发票、银行收账通知编制收款凭证。

(50) 结转销售木材的成本。

要求：根据销售成本计算单编制转账凭证。

12月27日(星期二)

(51) 销售给胜利公司方椅 150 把，单价每把 500 元；圆椅 200 把，单价每把 400 元，货款共计 155 000 元，增值税 26 350 元，款项已收存入银行。

要求：填制增值税专用发票，根据增值税专用发票、银行收账通知编制收款凭证。

(52) 预付 2012 年报刊费 1 500 元。

要求：根据发票、支票存根编制付款凭证。

12月28日(星期三)

(53) 车间管理人员报销办公用品费用 360 元，以现金支付。

要求：根据商业发票编制付款凭证。

(54) 收到 2010 年向胜利公司出租的机器月租金 5 000 元，款项存入银行。

要求：根据银行收账通知和收据编制收款凭证。

12月29日(星期四)

(55) 盘亏木材 1 立方米，原因待查。

要求：根据材料盘点报告表编制转账凭证。

(56) 开出转账支票一张，预付给宏光公司拟购材料款 30 000 元。

要求：根据支票存根编制付款凭证。

12月30日(星期五)

(57) 经查盘亏的木材是正常收发计量误差所致，批准转销。

要求：根据材料盘盈盘亏报告表编制转账凭证。

(58) 收到天马公司交来的合同违约金 2 000 元，款项存入银行。

要求：填写收据，根据收据、银行收账通知编制收款凭证。

12月31日(星期六)

(59) 计提本月应负担的短期借款利息 750 元。

要求：根据借款利息计算表编制转账凭证。

(60) 计提本月固定资产折旧 60 000 元，其中：生产车间 38 000 元，管理部门 16 000 元，专设销售机构 6 000 元。

要求：根据折旧费用分配表编制转账凭证。

(61) 结转本月应付职工工资 150 000 元，其中：第一生产车间工人工资 60 000 元，第二生产车间工人工资 40 000 元，车间管理人员工资 15 000 元，行政管理人员工资 27 000 元，专设销售人员工资 8 000 元。

要求：编制工资费用分配汇总表，根据工资费用分配汇总表编制转账凭证。

(62) 按工资总额的14%提取职工福利费。

要求：编制职工福利费计提表，根据职工福利费计提表编制转账凭证。

(63) 结转本月制造费用(按工人工资分配)。

要求：编制制造费用分配表，根据制造费用分配表编制转账凭证。

(64) 本月生产的产品全部完工入库，其中方椅1 000把，圆椅950把(没有期末在产品)。

要求：编制产品成本计算单、产品入库单，根据产品成本计算单、产品入库单编制转账凭证。

(65) 结转本月销售的方椅、圆椅销售成本。

要求：编制销售成本计算单，根据销售成本计算单编制转账凭证。

(66) 计提本月应缴的城建税4 200元，教育费附加2 520元。

要求：根据城市维护建设税、教育费附加计算单编制转账凭证。

(67) 结转本月收益类账户。

要求：完成内部转账单，根据内部转账单编制转账凭证。

(68) 结转本月费用类账户。

要求：填制内部转账单，根据内部转账单编制转账凭证。

(69) 按本月利润计提本月应交所得税(税率25%)，并结转“所得税费用”账户余额。

要求：填制应缴所得税计算单、内部转账单，根据应缴所得税计算单、内部转账单编制转账凭证。

(70) 按本年税后利润的10%提取法定盈余公积金。

要求：填制提取法定盈余公积金计算单，根据提取法定盈余公积金计算单编制转账凭证。

(71) 按本年税后利润的50%向股东分配股利，款项尚未支付。

要求：填制分配股利计算单，根据分配股利计算单编制转账凭证。

(72) 将“利润分配”账户下的其他明细账户的余额转入“利润分配——未分配利润”账户。

要求：填制内部转账单，根据内部转账单编制转账凭证。

(73) 将本年实现的净利润转入“利润分配”账户。

要求：填制内部转账单，根据内部转账单编制转账凭证。

根据下旬经济业务编制的记账凭证，编制科目汇总表，据以登记总分类账，并结出各总分类账的余额，将其与有关的明细分类账核对相符。

(74) 根据总分类账各账户发生额、余额及期初资料，编制账户试算平衡表。

(75) 根据总分类账、明细分类账及期初资料，编制2011年12月份的资产负债表和利润表。

16.6 企业业务原始凭证

业务 1-1

领 料 单

领料部门：　　　　年　　月　　日　　　　编号：

材料类别	规格及名称	单位	数量		用途	单价	金额
			请领	实领			
合　计							

仓库负责人：　　　　记账：　　　　发料：　　　　领料：

业务 1-2

领 料 单

领料部门：　　　　年　　月　　日　　　　编号：

材料类别	规格及名称	单位	数量		用途	单价	金额
			请领	实领			
合　计							

仓库负责人：　　　　记账：　　　　发料：　　　　领料：

业务 1-3

领 料 单

领料部门：　　　　　　　　年　　月　　日　　　　　　　编号：

材料类别	规格及名称	单位	数量		用途	单价	金额
			请领	实领			
合　计							

仓库负责人：　　　　记账：　　　　发料：　　　　领料：

业务 1-4

领 料 单

领料部门：　　　　　　　　年　　月　　日　　　　　　　编号：

材料类别	规格及名称	单位	数量		用途	单价	金额
			请领	实领			
合　计							

仓库负责人：　　　　记账：　　　　发料：　　　　领料：

业务 2

中国建设银行借款凭证(代回单)

2011 年 12 月 1 日

借款单位名称		苏州佳强有限责任公司	放款账号：8-290	往来账号：369-47856		
借 款 金 额		人民币(大写)壹拾万元整		￥100 000.00		
种类	经营周转借款	单位提出期限	自 2011 年 12 月 1 日至 2012 年 2 月 29 日止		利率	6%
		银行核定期限	自 2011 年 12 月 1 日至 2012 年 2 月 29 日止			
上列借款已收入你单位往来户内 单位(银行签章)			单位会计分类			

第一联　交借款单位

业务 3-1

江苏省电视台专用发票
发 票 联

客户名称：苏州佳强有限责任公司　　2011 年 12 月 2 日　　No. 0458823945

品名	项　　目	金额 十	万	千	百	十	元	角	分	备注
	产品广告费	￥	5	0	0	0	0	0	0	
合计人民币(大写)：伍万元整		￥50 000.00								

江苏省星光电视台 发票专用章

填票人：王珂　　收款人：张晓燕　　单位名称(盖章)：

第二联　发票联

业务 3-2

中国建设银行
转账支票存根
NO. 50240396
附加信息______

出票日期　2011 年 12 月 2 日

收款人：星光电视台
金　额：　￥50 000.00
用　途：广告费

单位主管　　会计：

业务 4-1

中国建设银行进账单(收账通知)3

2011 年 12 月 2 日　　　　第 123 号

<table>
<tr><td rowspan="3">付款人</td><td>全称</td><td>明胜有限公司</td><td rowspan="3">收款人</td><td>全称</td><td colspan="10">苏州佳强有限责任公司</td><td rowspan="7">此联是收款人开户行交给收款人收账通知</td></tr>
<tr><td>账号</td><td>550089412006</td><td>账号</td><td colspan="10">320503557800</td></tr>
<tr><td>开户银行</td><td>工商银行东单支行</td><td>开户银行</td><td colspan="10">建设银行东方大道支行</td></tr>
<tr><td rowspan="2">人民币
(大写)</td><td colspan="4" rowspan="2">伍万元整</td><td>千</td><td>百</td><td>十</td><td>万</td><td>千</td><td>百</td><td>十</td><td>元</td><td>角</td><td>分</td></tr>
<tr><td></td><td></td><td>¥</td><td>5</td><td>0</td><td>0</td><td>0</td><td>0</td><td>0</td><td>0</td></tr>
<tr><td colspan="2">票据种类</td><td colspan="3">转账</td><td colspan="10" rowspan="2"></td></tr>
<tr><td colspan="2">票据张数</td><td colspan="3">1 张</td></tr>
<tr><td colspan="5">单位主管　会计　复核　记账</td><td colspan="11">中国建设银行苏州分行 东方大道支行 2011.12.02 受理专用章　收款人开户行盖章</td></tr>
</table>

业务 4-2

江苏省苏州市统一收款收据
收 据 联

发票号码：612335704526
发票代码：08814362

开票日期：2011 年 12 月 2 日

<table>
<tr><td colspan="2">缴款单位或个人</td><td colspan="4">明胜有限公司</td><td rowspan="4">第一联 存根联</td></tr>
<tr><td>款项内容</td><td colspan="2">预付购货款</td><td>收款方式</td><td colspan="2">转账</td></tr>
<tr><td>人民币
大写</td><td colspan="2">伍万元整</td><td colspan="3">¥50 000.00</td></tr>
<tr><td>收款单位盖章</td><td>苏州佳强有限责任公司 发票专用章</td><td>收款人签章</td><td>宋青京</td><td>备注</td><td></td></tr>
</table>

承运人盖章：　　　　开票人：姚娟

业务 5

江苏省增值税专用发票
发 票 联

No. 0007834112

开票日期：2011 年 12 月 2 日

<table>
<tr><td>购货单位</td><td colspan="4">名　　称：苏州佳强有限责任公司
纳税人识别号：522330102263155
地 址、电 话：苏州市东方大道 900 号
开户行及账号：建行东方大道支行 320503557800</td><td>密码区</td><td colspan="3"></td><td rowspan="8">第二联：发票联 购货方记账凭证</td></tr>
<tr><td colspan="2">货物或应税劳务名称</td><td>规格型号</td><td>单位</td><td>数量</td><td>单 价</td><td>金 额</td><td>税 率</td><td>税 额</td></tr>
<tr><td colspan="2">木材</td><td></td><td>立方米</td><td>200</td><td>2 950</td><td>590 000</td><td>17%</td><td>100 300</td></tr>
<tr><td colspan="2"></td><td></td><td></td><td></td><td></td><td></td><td></td><td></td></tr>
<tr><td colspan="2"></td><td></td><td></td><td></td><td></td><td></td><td></td><td></td></tr>
<tr><td colspan="2">合　　计</td><td></td><td></td><td></td><td></td><td>590 000</td><td></td><td>100 300</td></tr>
<tr><td colspan="2">价税合计(大写)</td><td colspan="4">陆拾玖万零叁佰元整</td><td colspan="3">(小写)¥ 690 300.00</td></tr>
<tr><td>销货单位</td><td colspan="4">名　　称：康美公司
纳税人识别号：111781015789533
地 址、电 话：椰树路 258 号
开户行及账号：建行南盛办事处 555674000467</td><td>备注</td><td colspan="3">康美公司 发票专用章</td></tr>
</table>

收款人：姚刻　　复核：田也　　开票人：江珊　　销货单位：(章)

业务 6-1

中国建设银行
转账支票存根
No. 50240395
附加信息

出票日期 年 月 日

收款人：	
金 额：	
用 途：	

单位主管 会计

中国建设银行转账支票 No. 50240395

出票日期(大写) 年 月 日 付款行名称：
收款人： 出票人账号：

本支票付款期限十天

	百	十	万	千	百	十	元	角	分
人民币 (大写)									

用途
上列款项请从
我账户内支付
出票人签章

复核 记账

业务 6-2

江苏省增值税专用发票
发 票 联

No. 0007834112
开票日期：2011 年 12 月 5 日

购货单位	名 称：苏州佳强有限责任公司 纳税人识别号：522330102263155 地 址、电 话：苏州市东方大道 900 号 开户行及账号：建行东方大道支行 320503557800	密码区	略

货物或应税劳务名称	规格型号	单位	数量	单 价	金 额	税 率	税 额
冲床		台	1	50 000	50 000	17%	8 500
合 计					50 000		8 500
价税合计(大写)	伍万捌仟伍佰零拾零元零角零分				(小写)￥58 500.00		

销货单位	名 称： 宏野有限公司 纳税人识别号： 543458907882200 地 址、电 话：人民路 805 号 开户行及账号：交行光维办事处 222401713469	备注	宏野有限公司 发票专用章

收款人：王克 复核：李定建 开票人：张东 销货单位：(章)

第二联：发票联 购货方记账凭证

业务 6-3

固定资产验收单

NO. 000078

固定资产名称	冲床	验收日期	2011.12.5	使用或保管部门	生产车间
型号规格	QD-505	始建日期		建造单位或部门	外购
固定资产编号	11120055	竣工日期		原值	50 000.00
主要技术参数：	验收意见： 功能符合要求，验收合格。				

验收人：赵科龙　　　　主管：宋雪　　　　经办人：康思

业务 7-1

中国建设银行
现金支票存根
No. 50683921
附加信息

出票日期　年　月　日

收款人：	
金　额：	
用　途：	

单位主管　　会计

中国建设银行现金支票

No. 50683921

出票日期(大写)　　年　　月　　日　　付款行名称：
收款人：　　　　　　　　　　　　　　出票人账号：

本支票付款期限十天

人民币(大写)	百	十	万	千	百	十	元	角	分

用途
上列款项请从
我账户内支付
出票人签章　　　　　　　　复核　　　记账

业务 7-2

公路、内河货物运输业统一发票
发 票 联

发票号码：551368771122

发票代码：21144977

开票日期：2011 年 12 月 5 日

机打代码 机打号码 机器编号	551368771122 21144977	税控码	略		第二联 发票联 付款方记账凭证（手写无效）
收货人及 纳税人识别号	苏州佳强有限责任公司 522330102263155	承运人及 纳税人识别号	开创运输公司 425680114500698		
发货人及 纳税人识别号	康美公司 111781015789533	主管税务机关 及代码	红广税务局 540078800		
运输项目及金额	木材 200 立方米，计费里程 300 千米，运费 9 800 元。	其他项目及金额	保险费：200 元。	备注	
运费小计	9 800.00	其他费用小计	200.00		
合计(大写)	人民币壹万元整		(小写)￥10 000.00		

（印章：开创运输公司 发票专用章）

承运人盖章：　　　　开票人：方娥梅

业务 7-3

收 料 单

供应单位：　　　　年　　月　　日　　　　编号：

发票号：　　　　　　　　　　　　　　　　仓库：

材料类别	材料名称	规格材质	计量单位	应收数量	实收数量	单价	金额 千	百	十	万	千	百	十	元	角	分
运杂费																
合　计																
备注																

第二联 记账联

采购员：　　　　验收员：　　　　记账员：　　　　保管员：

业务 8-1

中国建设银行进账单(收账通知)3

2011 年 12 月 5 日　　　　第 124 号

付款人	全称	龙盛公司	收款人	全称	苏州佳强有限责任公司
	账号	322000185200		账号	320503557800
	开户银行	交通银行芳草支行		开户银行	建设银行东方大道支行

中国建设银行苏州分行 东方大道支行 2011.12.05 受理专用章

人民币(大写)	伍拾万元整	千	百	十	万	千	百	十	元	角	分
			¥	5	0	0	0	0	0	0	0

票据种类	转账	
票据张数	1 张	
单位主管　会计　复核　记账		收款人开户行盖章

此交联给是收收款款人人收开账户通行知

业务 8-2

江苏省苏州市统一收款收据
收 据 联

发票号码：612335704527
发票代码：08814363

开票日期：2011 年 12 月 5 日

缴款单位或个人	龙盛公司				
款项内容	投资款		收款方式	转账	
人民币大写	伍拾万元整		¥500 000.00		
收款单位盖章		收款人签章	宋青京	备注	

苏州佳强有限责任公司 发票专用章

第一联 存根联

承运人盖章：　　　　开票人：姚娟

业务 9

中国建设银行 转账支票存根 No. 50240397	**中国建设银行转账支票**　　No. 50240397
附加信息	出票日期(大写)　　年　　月　　日　　付款行名称： 收款人：　　　　　　出票人账号：
出票日期　年　月　日	本支票付款期限十天 人民币(大写)　　百 十 万 千 百 十 元 角 分
收款人：	用途
金　额：	上列款项请从 我账户内支付
用　途：	出票人签章　　　　复核　　记账
单位主管　　会计	

业务 10-1

江苏省增值税专用发票

No. 0004350674

记 账 联

开票日期：　　年　　月　　日

购货单位	名　　称： 纳税人识别号： 地 址、电 话： 开户行及账号：			密码区	略		
货物或应税劳务名称	规格型号	单位	数量	单 价	金　额	税 率	税　额
合　　计							
价税合计(大写)	佰　拾　万　仟　佰　拾　元　角　分 (小写)￥						
销货单位	名　　称： 纳税人识别号： 地 址、电 话： 开户行及账号：			备注			

收款人：　　　　复核：　　　　开票人：　　　　销货单位：(章)

第一联：记账联　销货方记账凭证

业务 10-2

中国建设银行进账单(收账通知)3

2011 年 12 月 6 日　　　　第 125 号

付款人	全称	明胜有限公司	收款人	全称	苏州佳强有限责任公司
	账号	550089412006		账号	320503557800
	开户银行	工商银行东单支行		开户银行	建设银行东方大道支行
人民币(大写)		肆万叁仟陆佰元整		百 十 万 千 百 十 元 角 分	￥ 4 3 6 0 0 0 0
票据种类		转账			
票据张数		1 张			
单位主管　会计　复核　记账				收款人开户行盖章	

中国建设银行苏州分行 东方大道支行 2011.12.06 受理专用章

此交联给是收收款款人人收开账户通行知

业务 11

江苏省商品销售统一发票

客户名称及地址：苏州佳强有限责任公司　　2011 年 12 月 7 日　　No. 0574164899

品名	规格	单位	数量	单价	金额							备注
					万	千	百	十	元	角	分	
纸张	A_4	包	10	25.00			2	5	0	0	0	
文件夹	普通	个	20	8.50			1	7	0	0	0	
合　计						¥	4	2	0	0	0	
合计金额(大写)⊗万⊗仟 肆 佰 贰 拾 零 元 零 角 零 分												

可的超市有限公司
发票专用章

第二联　发票联

填票人：宋富　　收款人：曾采丰　　单位名称(盖章)

业务 12-1

收 料 单

供应单位：　　年　月　日　　编号：

发票号：　　仓库：

材料类别	材料名称	规格材质	计量单位	应收数量	实收数量	单价	金额									
							千	百	十	万	千	百	十	元	角	分
运杂费																
合　计																
备注																

第二联　记账联

采购员：　　验收员：　　记账员：　　保管员：

业务 12-2

收 料 单

供应单位：　　　　　　　　　年　　月　　日　　　　　　　编号：

发票号：　　　　　　　　　　　　　　　　　　　　　　　　仓库：

材料类别	材料名称	规格材质	计量单位	应收数量	实收数量	单价	金额									
							千	百	十	万	千	百	十	元	角	分
运杂费																
合　计																
备注																

第二联　记账联

采购员：　　　　　　验收员：　　　　　　记账员：　　　　　　保管员：

业务 12-3

中国建设银行
转账支票存根
NO. 50240398
附加信息

出票日期　2011 年 12 月 7 日

收款人：	开元有限公司
金　额：	￥14 040.00
用　途：	购原材料

单位主管　　　会计：

业务 12-4

江苏省增值税专用发票

No. 0007834114

发 票 联

开票日期：2011 年 12 月 7 日

购货单位	名　　称：苏州佳强有限责任公司 纳税人识别号：522330102263155 地 址、电 话：苏州市东方大道 900 号 开户行及账号：建行东方大道支行 320503557800	密码区	略

货物或应税劳务名称	规格型号	单位	数量	单 价	金 额	税 率	税 额
油漆		千克	200	50	10 000	17%	1 700
螺丝		千克	50	40	2 000	17%	340
合　　计					12 000		2 040
价税合计(大写)	壹万肆仟零肆拾元整				(小写)￥ 14 040.00		

销货单位	名　　称：开元有限公司 纳税人识别号：245687801033355 地 址、电 话：士荃路 266 号 开户行及账号：工行孝贤路办事处 342175599010	备注	开元有限公司 发票专用章

收款人：姜和　　复核：谈辞　　开票人：叶科思　　销货单位：(章)

第二联：发票联　购货方记账凭证

业务 13-1

江苏省增值税专用发票

No. 0004350675

记 账 联

开票日期：　　年　　月　　日

购货单位	名　　称： 纳税人识别号： 地 址、电 话： 开户行及账号：	密码区	略

货物或应税劳务名称	规格型号	单位	数量	单 价	金 额	税 率	税 额
合　　计							
价税合计(大写)	佰　拾　万　仟　佰　拾　元　角　分(小写)￥ ______						

销货单位	名　　称： 纳税人识别号： 地 址、电 话： 开户行及账号：	备注	

收款人：　　复核：　　开票人：　　销货单位：(章)

第一联：记账联　销货方记账凭证

业务 13-2

中国建设银行进账单(收账通知)3

2011 年 12 月 7 日　　　　　　　　　　　　　　　　　　第 126 号

付款人	全称	林洋公司	收款人	全称	苏州佳强有限责任公司	此联是收款人开户行交给收款人收账通知
	账号	556213611470		账号	320503557800	
	开户银行	工行光霞路办事处		开户银行	建行东方大道支行	
人民币（大写）		壹拾柒万伍仟伍佰元整			千 百 十 万 千 百 十 元 角 分	
					¥ 1 7 5 5 0 0 0 0	
票据种类		转账				
票据张数		1 张				
单位主管　会计　复核　记账					收款人开户行盖章	

中国建设银行苏州分行
东方大道支行
2011.12.07
受理专用章

业务 14-1

江苏省苏州市服务统一发票
发　票　联

发票号码：654722990022
发票代码：05544332

开票日期：2011 年 12 月 8 日

付款户名	苏州佳强有限责任公司		付款方式	支票							第二联 发票联
服务项目及摘要	单位	数量	单价	金额						备注	
				万	千	百	十	元	角	分	
法律咨询费				¥	2	0	0	0	0	0	
合计人民币（大写）	贰仟元整			¥2 000.00							

华芳律师事务所
发票专用章

填票人：张颂　　　　收款人：石铿　　　　单位名称(盖章)

业务 14-2

中国建设银行 转账支票存根 NO. 50240399 附加信息
出票日期　2011 年 12 月 8 日
收款人：华芳律师事务所
金　额：　¥2 000.00
用　途：法律咨询费
单位主管　　　会计：

业务 15-1

中国建设银行转账支票存根	中国建设银行转账支票
中国建设银行 转账支票存根 No. 50240400 附加信息	**中国建设银行转账支票** No. 50240400 出票日期(大写) 年 月 日 付款行名称： 收款人： 出票人账号：
出票日期 年 月 日 收款人： 金 额： 用 途： 单位主管 会计	本支票付款期限十天 人民币(大写) 百 十 万 千 百 十 元 角 分 用途 上列款项请从 我账户内支付 出票人签章 复核 记账

业务 15-2

中华人民共和国税收通用缴款书

全国统一发票监制章 国家税务总局监制

建设银行
东方大道支行
2011.12.8
转
讫

NO. 4455582 地缴字(甲)隶属关系
系
收入机关： 填发日期：2011 年 12 月 8 日 经济类型：

无银行收讫章无效

缴款单位(人)	代码	522330102263155	编码	
	全称	苏州佳强有限责任公司	名称	企业城市维护建设税
	开户银行	建设银行东方大道支行	级次	县(市)级
	账号	320503557800	收缴国库	

税款所属日期：2011 年 11 月 30 日			税款限缴日期：2011 年 12 月 8 日		
品目名称	课税数量	计税金额或销售收入	税率或单位税额	已缴或扣除额	实缴税额
城市维护建设税		120 000	5%		6 000
金额合计	人民币(大写)陆仟元整				¥6 000
缴款单位(人)盖章 经办人(章)	税务机关 (盖章) 填票人(章)	上列款项已收妥并划转收款单位账户 (国库银行)盖章 20××年 月 日		备注	

第一联(收据)国库收款盖章后退缴款单位(人)作完税凭证

业务 16

江苏省商品销售统一发票

客户名称及地址：苏州佳强有限责任公司　　2011 年 12 月 8 日　　No. 321875851

品名	规格	单位	数量	单价	金额 万	千	百	十	元	角	分	备注
纸张	A_4彩纸	包	3	45.00			1	3	5	0	0	
订书机	BJ 型	个	3	24.00				7	2	0	0	
合　计						¥	2	0	7	0	0	
合计金额(大写)⊗万⊗仟 贰 佰 零 拾 柒 元 零 角 零 分												

联华超市有限公司 发票专用章

第二联　发票联

填票人：丰峰　　收款人：陈单　　单位名称(盖章)

业务 17

江苏省商品销售统一发票

客户名称及地址：苏州佳强有限责任公司　　2011 年 12 月 9 日　　No. 0554723654

品名	规格	单位	数量	单价	金额 万	千	百	十	元	角	分	备注
纸张	A_3	包	20	28.00			5	6	0	0	0	
文件盒	HF 型	支	30	18.00			5	4	0	0	0	
合　计					¥	1	1	0	0	0	0	
合计金额(大写)⊗万壹仟 壹 佰 零 拾 零 元 零 角 零 分												

长宏商场有限公司 发票专用章

第二联　发票联

填票人：宋利花　　收款人：单苏　　单位名称(盖章)

业务 18

内部转账单

日期：2011 年 12 月 9 日

户　名	摘　要	金　额	备　注
常青公司	经批准，应付账款转“营业外收入”账户	6 000 元	单位解散，无法支付

业务 19

中国建设银行进账单(收账通知)3

2011 年 12 月 9 日 第 127 号

付款人	全称	公明公司	收款人	全称	苏州佳强有限责任公司
	账号	321789994578		账号	320503557800
	开户银行	工行包公路办事处		开户银行	建行东方大道支行

人民币(大写)	捌万元整	亿	千	百	十	万	千	百	十	元	角	分
					¥	8	0	0	0	0	0	0

票据种类	转账	
票据张数	1 张	
单位主管 会计 复核 记账		收款人开户行盖章

此联是收款人开户行交给收款人的收账通知

(印章：中国建设银行苏州分行 东方大道支行 2011.12.09 受理专用章)

业务 20

借　　款　　单

年　　月　　日

部　门		借款事由：
借款金额(人民币大写)	¥	
批准金额(人民币大写)	¥	

领导		财务主管		借款人：

业务 21-1

江苏省增值税专用发票

记 账 联

No. 0004350676

开票日期：　　年　　月　　日

购货单位	名　　称： 纳税人识别号： 地 址、电 话： 开户行及账号：	密码区	略

货物或应税劳务名称	规格型号	单位	数量	单 价	金　额	税 率	税　额
合　　计							
价税合计(大写)	佰　拾　万　仟　佰　拾　元　角　分 (小写)¥						

销货单位	名　　称： 纳税人识别号： 地 址、电 话： 开户行及账号：	备注	

收款人：　　　　复核：　　　　开票人：　　　　销货单位：(章)

第一联：记账联　销货方记账凭证

业务 21-2

中国建设银行进账单(收账通知)3

2011 年 12 月 12 日　　　　第 128 号

<table>
<tr><td rowspan="3">付款人</td><td>全称</td><td>胜利公司</td><td rowspan="3">收款人</td><td>全称</td><td colspan="10">苏州佳强有限责任公司</td><td rowspan="6">此联是收款人开户行交给收款人收账通知</td></tr>
<tr><td>账号</td><td>344657614330</td><td>账号</td><td colspan="10">320503557800</td></tr>
<tr><td>开户银行</td><td>工行靖州路办事处</td><td>开户银行</td><td colspan="10">建行东方大道支行</td></tr>
<tr><td rowspan="2" colspan="2">人民币
(大写)</td><td rowspan="2" colspan="3">伍拾叁万捌仟贰佰元整</td><td>千</td><td>百</td><td>十</td><td>万</td><td>千</td><td>百</td><td>十</td><td>元</td><td>角</td><td>分</td></tr>
<tr><td></td><td>¥</td><td>5</td><td>3</td><td>8</td><td>2</td><td>0</td><td>0</td><td>0</td><td>0</td></tr>
<tr><td colspan="2">票据种类</td><td>转账</td><td colspan="12" rowspan="3">收款人开户行盖章</td></tr>
<tr><td colspan="2">票据张数</td><td>1 张</td></tr>
<tr><td colspan="3">单位主管　会计　复核　记账</td></tr>
</table>

中国建设银行苏州分行
东方大道支行
2011.12.12
受理专用章

业务 22-1

收 料 单

供应单位：　　　　　年　月　日　　　　编号：

发票号：　　　　　　　　　　　　　　　仓库：

<table>
<tr><td rowspan="2">材料类别</td><td rowspan="2">材料名称</td><td rowspan="2">规格材质</td><td rowspan="2">计量单位</td><td rowspan="2">应收数量</td><td rowspan="2">实收数量</td><td rowspan="2">单价</td><td colspan="10">金额</td></tr>
<tr><td>千</td><td>百</td><td>十</td><td>万</td><td>千</td><td>百</td><td>十</td><td>元</td><td>角</td><td>分</td></tr>
<tr><td></td><td></td><td></td><td></td><td></td><td></td><td></td><td></td><td></td><td></td><td></td><td></td><td></td><td></td><td></td><td></td><td></td></tr>
<tr><td></td><td></td><td></td><td></td><td></td><td></td><td></td><td></td><td></td><td></td><td></td><td></td><td></td><td></td><td></td><td></td><td></td></tr>
<tr><td></td><td></td><td></td><td></td><td></td><td></td><td></td><td></td><td></td><td></td><td></td><td></td><td></td><td></td><td></td><td></td><td></td></tr>
<tr><td></td><td></td><td></td><td></td><td></td><td></td><td></td><td></td><td></td><td></td><td></td><td></td><td></td><td></td><td></td><td></td><td></td></tr>
<tr><td></td><td></td><td></td><td></td><td></td><td></td><td></td><td></td><td></td><td></td><td></td><td></td><td></td><td></td><td></td><td></td><td></td></tr>
<tr><td colspan="7">运杂费</td><td></td><td></td><td></td><td></td><td></td><td></td><td></td><td></td><td></td><td></td></tr>
<tr><td colspan="7">合　计</td><td></td><td></td><td></td><td></td><td></td><td></td><td></td><td></td><td></td><td></td></tr>
<tr><td>备注</td><td colspan="16"></td></tr>
</table>

第二联　记账联

采购员：　　　验收员：　　　记账员：　　　保管员：

业务 22-2

江苏省增值税专用发票
发　票　联

No. 0007834115

开票日期：2011 年 12 月 12 日

购货单位	名　　　称：苏州佳强有限责任公司 纳税人识别号：522330102263155 地 址、电 话：苏州市东方大道 900 号 开户行及账号：建行东方大道支行 320503557800				密码区	略	
货物或应税劳务名称	规格型号	单位	数量	单 价	金　额	税 率	税　额
木材		立方米	100	3 000	300 000	17%	51 000
合　　计					300 000		51 000
价税合计(大写)	叁拾伍万壹仟零佰零拾零元零角零分				(小写)￥ 351 000.00		
销货单位	名　　　称：康美公司 纳税人识别号：111781015789533 地 址、电 话：椰树路 258 号 开户行及账号：建行南盛办事处 555674000467				备注	康美公司 发票专用章	

第二联：发票联　购货方记账凭证

收款人：张菲　　复核：王未科　　开票人：刘定　　销货单位：(章)

业务 23

江苏省苏州市服务统一发票
发　票　联

发票号码：534206186446

发票代码：04514009

开票日期：2011 年 12 月 13 日

付款户名	苏州佳强有限责任公司			付款方式	现金					
服务项目及摘要	单位	数量	单价	金　额						备注
				千	百	十	元	角	分	
接待客户餐饮费				￥	6	0	0	0	0	
合计人民币(大写)	⊗仟陆佰零拾零元零角零分			￥600.00						

第二联　发票联

太湖美餐饮有限公司　发票专用章

填票人：李莉　　收款人：赵联　　单位名称(盖章)

业务 24-1

中国建设银行 转账支票存根 No. 50240401	**中国建设银行转账支票** No. 50240401
附加信息	出票日期(大写) 年 月 日 付款行名称： 收款人： 出票人账号：
	本支票付款期限十天 人民币(大写) | 百 | 十 | 万 | 千 | 百 | 十 | 元 | 角 | 分 | 用途 上列款项请从 我账户内支付 出票人签章 复核 记账
出票日期 年 月 日 收款人： 金 额： 用 途： 单位主管 会计	

业务 24-2

公路、内河货物运输业统一发票
发 票 联

发票号码：588704121652
发票代码：01305905

开票日期：2011 年 12 月 13 日

机打代码 机打号码 机器编号	588704121652 01305905	税控码	略	
收货人及纳税人识别号	苏州佳强有限责任公司 522330102263155	承运人及纳税人识别号	开创运输公司 425680114500698	
发货人及纳税人识别号	胜利公司 564677006347542	主管税务机关及代码	西城税务局 245874030	
运输项目及金额	方椅 600 把，计费里程 300 千米，运费 1 050 元。 圆椅 400 把，计费里程 300 千米，运费 700 元。	其他项目及金额	保险费：50 元。	备注
运费小计	1 750.00	其他费用小计	50.00	
合计(大写)	人民币壹仟捌佰元整		(小写)￥1 800.00	

第二联 发票联 付款方记账凭证（手写无效）

开创运输公司 发票专用章

承运人盖章： 开票人：石高幸

业务 25-1

领 料 单

领料部门： 年 月 日 编号：

材料类别	规格及名称	单位	数量		用途	单价	金额
			请领	实领			
合 计							

仓库负责人： 记账： 发料： 领料：

业务 25-2

领 料 单

领料部门： 年 月 日 编号：

材料类别	规格及名称	单位	数量		用途	单价	金额
			请领	实领			
合 计							

仓库负责人： 记账： 发料： 领料：

业务 25-3

领 料 单

领料部门： 年 月 日 编号：

材料类别	规格及名称	单位	数量		用途	单价	金额
			请领	实领			
合 计							

仓库负责人： 记账： 发料： 领料：

领料单

领料单

领料单

业务 26-1

江苏省苏州市统一收款收据

收 据 联

发票号码：657043786794

开票日期：2011 年 12 月 14 日　　　　发票代码：01305165

缴款单位或个人	苏州佳强有限责任公司				第二联 收据联
款项内容	希望工程捐款	收款方式	转账		
人民币大写	叁万元整	¥30 000.00			
收款单位盖章		收款人签章	余光侠	备注	

业务 26-2

中国建设银行
转账支票存根
NO. 50240402
附加信息

出票日期　2011 年 12 月 14 日

收款人：	市民政局
金　额：	¥30 000.00
用　途：	希望工程捐款

单位主管　　会计：

业务 27-1

中国建设银行
现金支票存根
No. 50683922
附加信息

出票日期　年　月　日

收款人：	
金　额：	
用　途：	

单位主管　　会计

中国建设银行现金支票　　No. 50683922

出票日期(大写)　年　月　日　　付款行名称：
收款人：　　出票人账号：

本支票付款期限十天

	百	十	万	千	百	十	元	角	分
人民币(大写)									

用途
上列款项请从
我账户内支付
出票人签章　　　　复核　　记账

业务 27-2

江苏省苏州市服务统一发票
发 票 联

发票号码：741200027707
发票代码：01175860

开票日期：2011 年 12 月 14 日

(印章：锦秀服务有限公司 发票专用章)

付款户名		苏州佳强有限责任公司		付款方式			转账				第二联 发票联
服务项目及摘要	单位	数量	单价	金额						备注	
				千	百	十	元	角	分		
设备修理费				2	5	0	0	0	0		
合计人民币(大写)	贰仟伍佰零拾零元零角零分　　￥2 500.00										

填票人：谈霄　　　　收款人：方毅　　　　单位名称(盖章)

业务 28

中国建设银行 现金支票存根 No. 50683923 附加信息 出票日期　年　月　日 收款人： 金　额： 用　途： 单位主管　　会计	**中国建设银行现金支票**　　No. 50683923 出票日期(大写)　　年　　月　　日　　付款行名称： 收款人：　　　　　　　　　　　　出票人账号： 本支票付款期限十天 人民币(大写)　　　　　百 十 万 千 百 十 元 角 分 用途 上列款项请从 我账户内支付 出票人签章　　　　　　复核　　　记账

业务 29

工资发放表

2011 年 12 月 15 日填制　　　　单位：元

姓名	基本工资	岗位工资	月度奖金	加班工资	应付工资	代扣款项	实领工资	签名
吴启嘉	2 500	2 400	2 000	600	7 500		7 500	吴启嘉
张达伟	2 500	1 400	2 000	500	6 400		6 400	张达伟
宋青京	1 600	1 900	1 700		5 200		5 200	宋青京
杨昊强	1 800	1 500	1 000	400	4 700		4 700	杨昊强
宋雪	1 800	1 600	1 700	350	5 450		5 450	宋雪
张晶	2 200	1 800	1 200		5 200		5 200	张晶
康思	1 800	1 200	1 500	800	5 300		5 300	康思
姚娟	1 600	1 800	1 700	350	5 450		5 450	姚娟
单青峰	2 400	1 500	1 000	700	5 600		5 600	单青峰
伍成龙	1 600	1 500	1 800	350	5 250		5 250	伍成龙
万丰成	2 000	1 900	1 200		5 100		5 100	万丰成
马长瑶	1 200	1 500	1 700	350	4 750		4 750	马长瑶
宋开怀	1 600	1 800	1 800	350	5 550		5 550	宋开怀
张华	2 400	1 500	1 700	200	5 800		5 800	张华
吴基里	2 000	1 000	1 700		4 700		4 700	吴基里
李泰强	2 000	1 500	1 800		5 300		5 300	李泰强
姚静燕	2 400	1 200	1 200	200	5 000		5 000	姚静燕
王旺任	1 200	1 500	1 200	200	4 100		4 100	王旺任
刘方芳	2 400	1 900	1 000	200	5 500		5 500	刘方芳
赵惠霞	1 600	1 800	1 800		5 200		5 200	赵惠霞
孙霞炎	1 600	1 200	1 700	700	5 200		5 200	孙霞炎
钱澄	1 200	1 000	1 000		3 200		3 200	钱澄
王天齐	1 200	1 200	1 000	650	4 050		4 050	王天齐
齐克定	1 200	1 500	1 200		3 900		3 900	齐克定
童大志	1 400	1 500	1 200	500	4 600		4 600	童大志
任尧清	1 500	1 200	1 700		4 400		4 400	任尧清
华年虎	2 000	1 500	1 800		5 300		5 300	华年虎
胡耀华	2 400	1 000	1 200	200	4 800		4 800	胡耀华
张光能	1 200	1 200	1 000	200	3 600		3 600	张光能
李芬花	1 500	1 000	1 200	200	3 900		3 900	李芬花
合计	53 800	44 500	43 700	8 000	150 000		150 000	

业务 30-1

中国建设银行 转账支票存根 No. 50240403 附加信息 出票日期　年　月　日 收款人： 金　额： 用　途： 单位主管　　会计	本支票付款期限十天	**中国建设银行转账支票**　　No. 50240403 出票日期(大写)　年　月　日　付款行名称： 收款人：　出票人账号： 人民币(大写)　　百 十 万 千 百 十 元 角 分 用途 上列款项请从 我账户内支付 出票人签章　　复核　　记账

业务 30-2

苏州电力公司电费结算单

用户：苏州佳强有限责任公司　　2011 年 12 月 15 日

用电量(度)	单价	金额(元)	备注	第三联交付款单位
21 000	0.60	12 600		
金额(大写)	壹万贰仟陆佰元整			

业务 30-3

电费分配表

2011 年 12 月 15 日

部门	耗用电量	分配率	分配金额
车间	15 000		
管理部门	6 000		
合计			

部门主管：　　　　制表：

业务 31-1

江苏省增值税专用发票

记 账 联

No. 0004350677

开票日期：　　年　　月　　日

购货单位	名称： 纳税人识别号： 地址、电话： 开户行及账号：	密码区	略

货物或应税劳务名称	规格型号	单位	数量	单价	金额	税率	税额
合计							
价税合计(大写)	佰　拾　万　仟　佰　拾　元　角　分 (小写)¥ ______						

销货单位	名称： 纳税人识别号： 地址、电话： 开户行及账号：	备注	

收款人：　　　　复核：　　　　开票人：　　　　销货单位：(章)

第一联：记账联　销货方记账凭证

业务 31-2

中国建设银行进账单(收账通知)3

2011 年 12 月 15 日　　　　第 129 号

付款人	全称	胜利公司	收款人	全称	苏州佳强有限责任公司
	账号	320086594485		账号	320503557800
	开户银行	工行广恒路办事处		开户银行	建行东方大道支行
人民币(大写)		贰拾玖万贰仟伍佰元整	百 十 万 千 百 十 元 角 分		¥ 2 9 2 5 0 0 0 0
票据种类		转账			
票据张数		1 张			
单位主管　会计　复核　记账			收款人开户行盖章		

此联是收款人开户行交给收款人收账通知

中国建设银行苏州分行 东方大道支行 2011.12.15 受理专用章

业务 32

江苏省苏州市统一收款收据

收 据 联

发票号码：902345410365

发票代码：05132585

开票日期：_______年____月____日

缴款单位或个人					
款项内容			收款方式		
人民币大写	¥				
收款单位盖章		收款人签章		备注	

第二联　收据联

业务 33-1

中国建设银行
转账支票存根
No. 50240404
附加信息

出票日期　年　月　日

收款人：	
金　额：	
用　途：	

单位主管　　会计

中国建设银行转账支票

No. 50240404

出票日期(大写)　　年　　月　　日　　付款行名称：
收款人：　　出票人账号：

本支票付款期限十天

人民币(大写)	百	十	万	千	百	十	元	角	分

用途________
上列款项请从
我账户内支付
出票人签章

复核　　记账

业务 33-2

江苏省增值税专用发票
发 票 联

No. 0007834116

开票日期：2011 年 12 月 16 日

购货单位		密码区	
	名　　称：苏州佳强有限责任公司 纳税人识别号：522330102263155 地 址、电 话：苏州市东方大道 900 号 开户行及账号：建行东方大道支行 320503557800		略

货物或应税劳务名称	规格型号	单位	数量	单价	金额	税率	税额
油漆		千克	120	48	5 760	17%	979.2
螺丝		千克	80	38	3 040	17%	516.8
合　计					8 800		1 496
价税合计(大写)	壹拾万零贰佰玖拾陆元零角零分				(小写)￥ 10 296.00		

销货单位		备注	
	名　　称：宏光公司 纳税人识别号：533772059264431 地 址、电 话：明志路 203 号 开户行及账号：建行南盛办事处 320700569155		宏光公司 发票专用章

第二联：发票联　购货方记账凭证

收款人：王保　　复核：曹涛　　开票人：刘勇　　销货单位：(章)

业务 34

中国建设银行 现金支票存根 No. 50683924 附加信息	中国建设银行现金支票　No. 50683924
出票日期　年　月　日 收款人： 金　额： 用　途： 单位主管　　会计	出票日期(大写)　年　月　日　付款行名称： 收款人：　出票人账号： 本支票付款期限十天 人民币(大写)　百 十 万 千 百 十 元 角 分 用途 上列款项请从 我账户内支付 出票人签章　　复核　　记账

业务 35

江苏省商品销售统一发票

客户名称及地址：苏州佳强有限责任公司　　2011 年 12 月 19 日　　No. 0875361021

品名	规格	单位	数量	单价	金额 万	千	百	十	元	角	分	备注
纸张	A_3	包	8	25.00			2	0	0	0	0	
合　计						¥	2	0	0	0	0	
合计金额(大写)⊗万⊗仟 贰 佰 零 拾 零 元 零 角 零 分												

填票人：丰峰　　收款人：陈单　　单位名称(盖章)

联华超市有限公司
发票专用章

第二联 发票联

业务 36-1

运费分配表

20　年　月　日　　金额单位：元

分配对象	分配标准	分配率	分配金额
合　计			

业务 36-2

公路、内河货物运输业统一发票
发 票 联

发票代码：541203781143
发票代码：01305916

开票日期：2011-12-19

<table>
<tr><td>机打代码
机打号码
机器编号</td><td>541203781143
01305916</td><td>税控码</td><td colspan="3">略</td><td rowspan="7">第二联 发票联 付款方记账凭证（手写无效）</td></tr>
<tr><td>收货人及
纳税人识别号</td><td colspan="2">苏州佳强有限责任公司
522330102263155</td><td>承运人及
纳税人识别号</td><td colspan="2">开创运输公司
425680114500698</td></tr>
<tr><td>发货人及
纳税人识别号</td><td colspan="2">宏光公司
564677006347542</td><td>主管税务机关
及代码</td><td colspan="2">沧海税务局
233580790</td></tr>
<tr><td>运输项目及金额</td><td>油漆 120 千克、螺丝 80 千克，计费里程 60 千米，运费 370 元。</td><td>其他项目及金额</td><td colspan="2">保险费：30 元</td><td>备注</td></tr>
<tr><td>运费小计</td><td colspan="2">370.00</td><td>其他费用小计</td><td colspan="2">30.00</td></tr>
<tr><td>合计(大写)</td><td colspan="5">开创运输公司 发票专用章
人民币肆佰元整　　　　(小写)￥400.00</td></tr>
</table>

承运人盖章：　　　　开票人：石高幸

业务 36-3

中国建设银行
转账支票存根
NO. 50240405
附加信息

出票日期　2011 年 12 月 19 日

收款人：	开创运输公司
金　额：	￥400.00
用　途：	付材料运费

单位主管　　会计：

业务 37

收 料 单

供应单位：　　　　　　　　　　年　　月　　日　　　　　　　　编号：

发票号：　　　　　　　　　　　　　　　　　　　　　　　　　　仓库：

材料类别	材料名称	规格材质	计量单位	应收数量	实收数量	单价	金额									
							千	百	十	万	千	百	十	元	角	分
运杂费																
合　计																
备注																

第二联　记账联

采购员：　　　　　　验收员：　　　　　　记账员：　　　　　　保管员：

业务 38-1

江苏省增值税专用发票

No. 0004350678

记 账 联

开票日期：　　年　　月　　日

购货单位	名　　称： 纳税人识别号： 地 址、电 话： 开户行及账号：					密码区	略
货物或应税劳务名称	规格型号	单位	数量	单 价	金　额	税 率	税　额
合　　计							
价税合计(大写)	佰　拾　万　仟　佰　拾　元　角　分 (小写)¥ ______						
销货单位	名　　称： 纳税人识别号： 地 址、电 话： 开户行及账号：					备注	

第一联：记账联　销货方记账凭证

收款人：　　　　　复核：　　　　　开票人：　　　　　销货单位：(章)

业务 38-2

银行承兑汇票

出票日期(大写)　　年　　月　　日

<table>
<tr><td>出票人全称</td><td></td><td rowspan="3">收款人</td><td>全称</td><td colspan="10"></td><td rowspan="7">此联由出票人存查</td></tr>
<tr><td>出票人账号</td><td></td><td>账号</td><td colspan="10"></td></tr>
<tr><td>付款行全称</td><td></td><td>开户银行</td><td colspan="10"></td></tr>
<tr><td rowspan="2">出票金额</td><td colspan="3" rowspan="2">人民币
(大写)</td><td>千</td><td>百</td><td>十</td><td>万</td><td>千</td><td>百</td><td>十</td><td>元</td><td>角</td><td>分</td></tr>
<tr><td></td><td></td><td></td><td></td><td></td><td></td><td></td><td></td><td></td><td></td></tr>
<tr><td>汇票到期日
(大写)</td><td></td><td rowspan="2">付款行</td><td>行号</td><td colspan="10"></td></tr>
<tr><td>承兑协议编号</td><td></td><td>地址</td><td colspan="10"></td></tr>
<tr><td colspan="2" rowspan="2"></td><td colspan="2"></td><td colspan="10" rowspan="2"></td></tr>
<tr><td colspan="2">备注</td></tr>
</table>

业务 39-1

领 料 单

领料部门：　　　　年　　月　　日　　　　编号：

材料类别	规格及名称	单位	数量		用途	单价	金额
			请领	实领			
合　计							

仓库负责人：　　　记账：　　　发料：　　　领料：

业务 39-2

领 料 单

领料部门：　　　　年　　月　　日　　　　编号：

材料类别	规格及名称	单位	数量		用途	单价	金额
			请领	实领			
合　计							

仓库负责人：　　　记账：　　　发料：　　　领料：

业务 40-1

差旅费报销单

部门：经理室　　　　　　　　填报日期　2011 年 12 月 20 日

姓名			吴启嘉			出差事由		洽谈业务			出差自 2011 年 12 月 10 日 日期至 2011 年 12 月 15 日				共 6 天	
起讫时间及地点						车船票		夜间乘车补助费			出差乘补费			住宿费	其他	
月	日	起	月	日	讫	类别	金额	时间	标准	金额	日数	标准	金额	金额	摘要	金额
12	10	苏州	12	17	杭州		70									
	15	杭州	12	21	苏州		70				5	30	150	1 460		
小　计							140				5	30	150	1 460		
总计金额	(大写)壹仟柒佰伍拾零元零角零分　　预借 1 800　　核销 1 750　　退补 50															

附单据共捌张

主管：张晶　　　部门：张华　　　审核：张达伟　　　填报人：吴启嘉

业务 40-2

江苏省苏州市统一收款收据
收 据 联

发票号码：657040786307

开票日期：______年____月____日　　　　发票代码：08765951

缴款单位或个人						第二联 收据联
款项内容			收款方式			
人民币大写	￥					
收款单位盖章		收款人签章		备注		

业务 41

江苏省苏州市统一收款收据
收 据 联

发票号码：657043985539

开票日期：2011 年 12 月 21 日　　　　发票代码：08765817

缴款单位或个人	苏州佳强有限责任公司 （印章：恒丰修理服务公司 发票专用章）					第二联 收据联
款项内容	设备修理费		收款方式		现金	
人民币大写	陆佰元整　　　　￥600.00					
收款单位盖章		收款人签章	孙刻公	备注		

承运人盖章：　　　　　　　　　　开票人：王联

业务 42

江苏省增值税专用发票

记 账 联

No. 0004350679

开票日期：　年　月　日

购货单位	名　称： 纳税人识别号： 地 址、电 话： 开户行及账号：				密码区	略	
货物或应税劳务名称	规格型号	单位	数量	单 价	金 额	税 率	税 额
合　计							
价税合计(大写)	佰 拾 万 仟 佰 拾 元 角 分 (小写)¥						
销货单位	名　称： 纳税人识别号： 地 址、电 话： 开户行及账号：				备注		

收款人：　　复核：　　开票人：　　销货单位：(章)

第一联：记账联　销货方记账凭证

业务 43

公路、内河货物运输业统一发票

发 票 联

发票号码：541203781158

发票代码：07659825

开票日期：2011 年 12 月 21 日

机打代码 机打号码 机器编号	541203781158 07659825	税控码	略
收货人及纳税人识别号	苏州佳强有限责任公司 522330102263155	承运人及纳税人识别号	开创运输公司 425680114500698
发货人及纳税人识别号	公明公司 321175695011361	主管税务机关及代码	沧海税务局 233580790
运输项目及金额	圆椅 150 把，计费里程 120 千米，运费 760 元	其他项目及金额	保险费：40 元　　备注
运费小计	760.00	其他费用小计	40.00
合计(大写)	人民币捌佰元整　　(小写)¥800.00		

开创运输公司
发票专用章

第二联　发票联　付款方记账凭证（手写无效）

业务 44

江苏省邮电通信业(电话费)专用发票

发 票 联

发票号码：204409952533

发票代码：04586901

用户名称：苏州佳强有限责任公司

用户号码：11225809　　付款方式：现金　　服务期限：　年　月　日至　年　月　日

项目	金额	项目	金额	项目	金额
本次实交	480.00				

②客户收执

实际收费总额(大写)：肆佰捌拾元整

收款人：中国电信苏州分公司　　收款日期：2011-12-22

业务 45-1

中国建设银行进账单(收账通知)3

2011 年 12 月 22 日　　第 130 号

付款人		收款人	
全称	阳光公司	全称	苏州佳强有限责任公司
账号	227874692011	账号	320503557800
开户银行	建设银行伟业支行	开户银行	建行东方大道支行

人民币(大写)	千	百	十	万	千	百	十	元	角	分
贰万伍仟元整			¥	2	5	0	0	0	0	0

票据种类	转账	
票据张数	1 张	
单位主管　会计　复核　记账		收款人开户行盖章

此联是收款人开户行交给收款人收账通知

中国建设银行苏州分行 东方大道支行 2011.12.22 受理专用章

业务 45-2

江苏省苏州市统一收款收据

收 据 联

发票号码：612335704528

发票代码：08814364

开票日期：2011 年 12 月 22 日

缴款单位或个人	阳光公司				
款项内容	预收货款		收款方式	转账	
人民币大写	贰万伍仟元整		¥25 000.00		
收款单位盖章		收款人签章	宋青京	备注	

第一联　存根联

苏州佳强有限责任公司 发票专用章

承运人盖章：　　开票人：姚娟

业务 46-1

中国建设银行
转账支票存根
NO. 502404006
附加信息

出票日期 2011 年 12 月 22 日

收款人：	宋城公司
金 额：	￥20 000.00
用 途：	预付材料款

单位主管 会计：

业务 46-2

江苏省苏州市统一收款收据
收 据 联

发票号码：112986423679
发票代码：07156980

开票日期：2011 年 12 月 22 日

宋城公司
发票专用章

						第二联 发票联
缴款单位或个人	苏州佳强有限责任公司					
款项内容	预付购货款		收款方式		转账	
人民币大写	贰万元整		￥20 000.00			
收款单位盖章		收款人签章	杨辉	备注		

承运人盖章： 开票人：卜年华

业务 47

江苏省苏州市统一收款收据
收 据 联

发票号码：657043734392
发票代码：045104321

开票日期：2011 年 12 月 23 日

时代有限公司
发票专用章

						第二联 收据联
缴款单位或个人	苏州佳强有限责任公司					
款项内容	合同违约金		收款方式		现金	
人民币大写	壹仟伍佰元整		￥1 500.00			
收款单位盖章		收款人签章	高斯乐	备注		

业务 48

中国建设银行进账单(收账通知)3

2011 年 12 月 23 日　　　　第 131 号

付款人	全称	胜利公司	收款人	全称	苏州佳强有限责任公司
	账号	320086594485		账号	320503557800
	开户银行	工行广恒路办事处		开户银行	建行东方大道支行

人民币(大写)	伍万元整	千	百	十	万	千	百	十	元	角	分
				¥	5	0	0	0	0	0	0

票据种类	转账	
票据张数	1 张	
单位主管　会计　复核　记账		收款人开户行盖章

中国建设银行苏州分行 东方大道支行 2011.12.23 受理专用章

此联是收款人开户行交给收款人的收账通知

业务 49-1

江苏省增值税专用发票

No. 0004350680

记 账 联

开票日期：　年　月　日

购货单位	名　称： 纳税人识别号： 地 址、电 话： 开户行及账号：	密码区	略

货物或应税劳务名称	规格型号	单位	数量	单价	金额	税率	税额
合　计							
价税合计(大写)	佰　拾　万　仟　佰　拾　元　角　分 (小写)¥ ______						

销货单位	名　称： 纳税人识别号： 地 址、电 话： 开户行及账号：	备注	

收款人：　　复核：　　开票人：　　销货单位：(章)

第一联：记账联　销货方记账凭证

业务 49-2

中国建设银行进账单(收账通知)3

2011 年 12 月 26 日　　　　第 134 号

付款人	全称	瑞丰公司	收款人	全称	苏州佳强有限责任公司										此联是收款人开户行交给收款人收账通知
	账号	320660144187		账号	320503557800										
	开户银行	工行孙武路办事处		开户银行	建行东方大道支行										
人民币(大写)		贰拾叁万肆仟元整			千	百	十	万	千	百	十	元	角	分	
						¥	2	3	4	0	0	0	0	0	
票据种类		转账													
票据张数		1 张													
单位主管　会计　复核　记账			收款人开户行盖章												

中国建设银行苏州分行 东方大道支行 2011.12.26 受理专用章

业务 50

销售成本计算单

2011 年 12 月 26 日　　　　金额单位：元

产品名称	计量单位	销售数量	单位成本	销售成本总额
木材	立方米	50	3 000	150 000
合　计		50	3 000	150 000

业务 51-1

江苏省增值税专用发票

No. 0004350681

记 账 联

开票日期：　　年　　月　　日

购货单位	名　　称： 纳税人识别号： 地 址、电 话： 开户行及账号：				密码区	略		
货物或应税劳务名称		规格型号	单位	数量	单 价	金 额	税 率	税 额
合　　计								
价税合计(大写)		佰　拾　万　仟　佰　拾　元　角　分 (小写)¥ ______						
销货单位	名　　称： 纳税人识别号： 地 址、电 话： 开户行及账号：				备注			

第一联：记账联　销货方记账凭证

收款人：　　复核：　　开票人：　　销货单位：(章)

业务 51-2

中国建设银行进账单(收账通知)3

2011 年 12 月 27 日　　　　第 135 号

付款人	全称	胜利公司	收款人	全称	苏州佳强有限责任公司
	账号	320086594485		账号	320503557800
	开户银行	工行广恒路办事处		开户银行	建行东方大道支行

人民币(大写)	壹拾捌万壹仟叁佰伍拾元整	百	十	万	千	百	十	元	角	分
		¥	1	8	1	3	5	0	0	0

票据种类	转账	
票据张数	1 张	
单位主管　会计　复核　记账		收款人开户行盖章

中国建设银行苏州分行
东方大道支行
2011.12.27
受理专用章

此联是收款人开户行交给收款人的收账通知

业务 52-1

江苏省邮电通信业专用发票
发　票　联

发票号码：561203786193

发票代码：01307415

用户名称：苏州佳强有限责任公司

用户号码：11225809　　付款方式：转账　服务期限：　　年　月　日至　　年　月　日

项目	金额	项目	金额	项目	金额
报刊费	1 500.00				

②客户收执

实际收费总额(大写)：壹仟伍佰元整

收款人：中国邮政苏州分公司　　　　收款日期：2011 年 12 月 27 日

业务 52-2

中国建设银行
转账支票存根
NO. 50240407
附加信息

出票日期　2011 年 12 月 27 日

收款人：	苏州邮政局
金　额：	¥1 500.00
用　途：	报刊费

单位主管　　会计：

业务 53

江苏省商品销售统一发票

客户名称及地址：苏州佳强有限责任公司　　2011 年 12 月 28 日　　No. 0124754639

品名	规格	单位	数量	单价	金额							备注
					万	千	百	十	元	角	分	
文件夹	SH-3	个	15	16.00			2	4	0	0	0	
钢笔	KJ-11	支	6	20.00			1	2	0	0	0	
合　计						¥	3	6	0	0	0	
合计金额(大写)⊗万⊗仟 叁 佰 陆 拾 零 元 零 角 零 分												

第二联　发票联

（印章：联华超市有限公司 发票专用章）

填票人：杨海　　收款人：陈参苏　　单位名称(盖章)

业务 54-1

中国建设银行进账单(收账通知)3

2011 年 12 月 28 日　　第 136 号

付款人	全称	胜利公司	收款人	全称	苏州佳强有限责任公司
	账号	320086594485		账号	320503557800
	开户银行	工行广恒路办事处		开户银行	建行东方大道支行
人民币(大写)	伍仟元整			千 百 十 万 千 百 十 元 角 分	¥ 5 0 0 0 0 0
票据种类	转账				
票据张数	1 张				
单位主管　会计　复核　记账			收款人开户行盖章		

此联是收款人开户行交给收款人收账通知

（印章：中国建设银行苏州分行 东方大道支行 2011.12.28 受理专用章）

业务 54-2

江苏省苏州市统一收款收据
收 据 联

发票号码：612335704529
发票代码：08814365

开票日期：2011 年 12 月 28 日

缴款单位或个人	胜利公司		
款项内容	机器租金	收款方式	转账
人民币大写	伍仟元整		¥5 000.00
收款单位盖章		收款人签章	宋青京
备注			

第一联　存根联

（印章：苏州佳强有限责任公司 发票专用章）

承运人盖章：　　开票人：姚娟

业务 55

材料盘点报告表

仓库：原料库　　2011 年 12 月 29 日

品名	规格	计量单位	单价	结存数量		盘盈		盘亏		原因
				账存	实存	数量	金额	数量	金额	
木材		立方米	3 000	190	189			1	3 000	待查
油漆		千克	50	306	306					
螺丝		千克	40	139	139					
合计									3 000	

业务 56

中国建设银行
转账支票存根
NO. 50240408
附加信息

出票日期　2011 年 12 月 29 日

收款人：	宏光公司
金　额：	￥30 000.00
用　途：	预付材料款

单位主管　　会计：

业务 57

材料盘盈盘亏报告表

仓库：原料库　　2011 年 12 月 30 日

品名	规格	计量单位	单价	数量		金额	原因
				盘盈	盘亏		
木材		立方米	3 000		1	3 000	正常收发计量误差
合计						3 000	
同意处理。　吴启嘉							

业务 58-1

江苏省苏州市统一收款收据
收 据 联

发票号码：612335704530

发票代码：08814366

开票日期：_______年____月____日

缴款单位或个人					第二联　收据联
款项内容		收款方式			
人民币大写	¥				
收款单位盖章		收款人签章		备注	

业务 58-2

中国建设银行进账单(收账通知)3

2011 年 12 月 30 日　　第 137 号

付款人	全称	天马公司	收款人	全称	苏州佳强有限责任公司
	账号	523111854660		账号	320503557800
	开户银行	工行交通路办事处		开户银行	建行东方大道支行
人民币(大写)		贰仟元整	千 百 十 万 千 百 十 元 角 分		¥ 2 0 0 0 0 0
票据种类		转账			
票据张数		1 张			
单位主管　会计　复核　记账			收款人开户行盖章		

此联是收款人开户行交给收款人的收账通知

中国建设银行苏州分行 东方大道支行 2011.12.30 受理专用章

业务 59

借款利息计算表

2011 年 12 月 31 日

借款类别	借款金额	月利率	月利息
短期借款	150 000	5‰	750
合计	150 000		750

业务 60

折旧费用分配表

2011 年 12 月 31 日　　　　单位：元

车间或部门	折旧额
生产车间	38 000
行政管理部门	16 000
销售机构	6 000
合计	60 000

业务 61

工资费用分配汇总表

年　月　日　　　　单位：元

车间、部门		应分配金额
车间生产人员工资	第一车间	
	第二车间	
	生产人员工资小计	
车间管理人员		
行政管理人员		
销售人员		
合　计		

业务 62

职工福利费计提表

年　月　日　　　　单位：元

车间、部门		工资总额	提取比例	应计提福利费额
车间生产人员工资	第一车间			
	第二车间			
	生产人员工资小计			
车间管理人员				
行政管理人员				
销售人员				
合　计				

业务 63

制造费用分配表

年　月　日　　　　金额单位：元

分配对象	分配标准	分配率	分配金额
方椅			
圆椅			
合　计			

业务 64-1

产品成本计算单

产品名称：　　　　年　月　日　　　　金额单位：元

成本项目	期初在产品成本	本月发生费用	生产费用合计	完工产品成本	单位成本	期末在产品成本
直接材料						
直接人工						
制造费用						
合　计						

业务 64-2

产品成本计算单

产品名称：　　　　年　月　日　　　　金额单位：元

成本项目	期初在产品成本	本月发生费用	生产费用合计	完工产品成本	单位成本	期末在产品成本
直接材料						
直接人工						
制造费用						
合　计						

业务 64-3

产品入库单

年　　月　　日　　　　金额单位：元

产品名称	计量单位	数 量	单 价	金 额
合　计				

仓库主管：　　　　经办人：　　　　制单：

业务 65

销售成本计算单

年　　月　　日　　　　金额单位：元

产品名称	计量单位	销售数量	单位成本	销售成本总额
合　计				

业务 66

城市维护建设税、教育费附加计算单

年　　月　　日　　　　金额单位：元

税种	计算依据	税率	税额
城市维护建设税	84 000	5%	4 200
教育费附加	84 000	3%	2 520
合　计			6 720

业务 67

内部转账单

转账日期：　　　　年　　月　　日　　　　金额单位：元

摘　要	转账项目	转账金额
结转到本年利润账户	主营业务收入	
结转到本年利润账户	其他业务收入	
结转到本年利润账户	营业外收入	
合　计		

业务 68

内部转账单

转账日期：　　　　年　　月　　日　　　　金额单位：元

摘　要	转账项目	转账金额
合　计		

业务 69-1

应交所得税计算单

年　　月　　日　　　　金额单位：元

项　目	金　额
本月实现利润	
所得税税率	
应交所得税额	

业务 69-2

内部转账单

转账日期：　　　　年　　月　　日　　　　金额单位：元

摘　要	转账项目	转账金额
合　计		

业务 70

提取法定盈余公积金计算单

年　　月　　日　　　　金额单位：元

提取依据金额	提取比率	应提取金额

业务 71

分配股利计算单

年　　月　　日　　　　金额单位：元

分配依据金额	分配比率	应分配金额

业务 72

内部转账单

转账日期：　　年　　月　　日　　　　金额单位：元

摘　要	转账项目	转账金额
结转到利润分配借方项目	提取法定盈余公积	
结转到利润分配借方项目	应付利润	
合　计		

业务 73

内部转账单

转账日期：　　年　　月　　日　　　　金额单位：元

摘　要	转账项目	转账金额

业务 74-1

总分类账户试算平衡表

2011 年 12 月 31 日

账户名称	期初余额		本期发生额		期末余额	
	借方	贷方	借方	贷方	借方	贷方
库存现金						
银行存款						
应收票据						
应收账款						
预付账款						
其他应收款						
在途物资						
原材料						
库存商品						
固定资产						
累计折旧						
待处理财产损溢						
短期借款						
应付账款						
预收账款						
应付职工薪酬						
应交税费						
应付利息						
应付股利						
实收资本						
资本公积						

业务 74-2

总分类账户试算平衡表(续表)

2011 年 12 月 31 日

账户名称	期初余额		本期发生额		期末余额	
	借方	贷方	借方	贷方	借方	贷方
盈余公积						
本年利润						
利润分配						
生产成本						
制造费用						
主营业务收入						
其他业务收入						
营业外收入						
主营业务成本						
其他业务成本						
营业税金及附加						
销售费用						
管理费用						
财务费用						
营业外支出						
所得税费用						
合 计						

业务 75-1

资 产 负 债 表

会企 01 表

编制单位：　　　　　　　　　　20　　年　　月　　日　　　　　　　　　　单位：元

资　　产	期末余额	期初余额	负债和所有者权益	期末余额	期初余额
流动资产：			流动负债：		
货币资金			短期借款		
交易性金融资产			交易性金融负债		
应收票据			应付票据		
应收账款			应付账款		
预付账款			预收账款		
应收利息			应付职工薪酬		
应收股利			应交税费		
其他应收款			应付利息		
存货			应付股利		
一年内到期的非流动资产			其他应付款		
流动资产合计			一年内到期的非流动负债		
非流动资产：			***流动负债合计***		
可供出售金融资产			非流动负债：		
持有至到期投资			长期借款		
长期应收款			应付债券		
长期股权投资			递延所得税负债		
固定资产			非流动负债合计		
在建工程			***负债合计***		
工程物资			所有者权益：		
固定资产清理			实收资本		
无形资产			资本公积		
长期待摊费用			盈余公积		
递延所得税资产			未分配利润		
非流动资产合计			***所有者权益合计***		
资产总计			***负债及所有者权益总计***		

业务 75-2

利 润 表

会企 02 表

编制单位：　　　　　　　　　　年　　月　　　　　　　　　　单位：元

项　　目	本期金额	上期金额
一、营业收入		
减：营业成本		
营业税金及附加		
销售费用		
管理费用		
财务费用		
加：公允价值变动收益(损失以“—”号填列)		
投资收益(损失以“—”号填列)		
其中：对联营企业和合营企业的投资收益		
二、营业利润(亏损以“—”号填列)		
加：营业外收入		
减：营业外支出		
其中：非流动资产处置损失		
三、利润总额(亏损以“—”号填列)		
减：所得税费用		
四、净利润(净亏损以“—”号填列)		
五、每股收益		
(一) 基本每股收益		
(二) 稀释每股收益		

参 考 文 献

[1] 中华人民共和国财政部制定. 企业会计准则(2006) [S]，2006.
[2] 中华人民共和国财政部制定. 企业会计准则——应用指南[S]，2006.
[3] 中华人民共和国财政部制定. 会计基础工作规范[S]，1996.
[4] 刘春才. 会计基础实训[M]. 北京：北京工业大学出版社，2010.
[5] 王炜. 基础会计模拟实训[M]. 北京：高等教育出版社，2009.
[6] 郑新成. 基础会计实训[M]. 上海：立信会计出版社，2009.
[7] 龚菊明. 基础会计[M]. 上海：复旦大学出版社，2009.
[8] 顾全根. 基础会计[M]. 北京：科学出版社，2010.
[9] 顾全根. 基础会计实务[M]. 北京：科学出版社，2006.

北京大学出版社第六事业部高职高专经管教材书目

本系列教材的特色：

1．能力本位。以学生为主体，让学生看了就能会，学了就能用；以教师为主导，授人以渔；以项目为载体，将技能与知识充分结合。

2．内容创新。内容选取机动、灵活，适当融入新技术、新规范、新理念；既体现自我教改成果，又吸收他人先进经验；保持一定前瞻性，又避免盲目超前。

3．精编案例。案例短小精悍，能佐证知识内容；案例内容新颖，表达当前信息；案例以国内中小企业典型事实为主，适合高职学生阅读。

4．巧设实训。实训环节真实可行，实训任务明确，实训目标清晰，实训内容详细，实训考核全面，切实提高能力。

5．注重立体化。既强调教材内在的立体化，从方便学生学习的角度考虑，搭建易学易教的优质的纸质平台，又强调教材外在的立体化，以立体化精品教材为构建目标，网上提供完备的教学资源。

专业基础课系列

序号	书　　名	书　　号	版次	定价	出版时间	主　　编
1	财经法规	978-7-81117-885-2	1-2	35	2012 年 2 月	李萍，亓文会
2	财经英语阅读	978-7-81117-952-1	1-3	29	2013 年 1 月	朱琳
3	经济学基础	978-7-301-21034-5	1-1	34	2012 年 11 月	陈守强
4	经济学基础	978-7-301-22536-3	1-1	32	2013 年 5 月	王平
5	管理学基础	978-7-81117-974-3	1-3	34	2012 年 5 月	李蔚田
6	管理学原理	978-7-5038-4841-4	1-3	26	2010 年 7 月	季辉，冯开红
7	管理学实务教程	978-7-301-21324-7	1-1	33	2012 年 12 月	杨清华
8	管理学原理与应用	978-7-5655-0065-7	1-2	27	2012 年 8 月	秦虹
9	管理心理学	978-7-301-23314-6	1-1	31	2013 年 10 月	蒋爱先，杨元利
10	人力资源管理实务	978-7-301-19096-8	1-2	30	2013 年 7 月	赵国忻，钱程
11	公共关系实务	978-7-301-20096-4	1-1	32	2012 年 3 月	李东，王伟东
12	现代公共关系原理与实务	978-7-5038-4835-3	1-2	25	2010 年 3 月	张美清
13	经济法实用教程	978-7-81117-675-9	1-3	39	2011 年 11 月	胡卫东，吕玮
14	经济法原理与实务	978-7-5038-4846-9	1-3	38	2009 年 7 月	孙晓平，邓敬才

财务会计系列

序号	书　　名	书　　号	版次	定价	出版时间	主　　编
1	财务活动管理	978-7-5655-0162-3	1-2	26	2013 年 1 月	石兰东
2	财务管理	978-7-301-17843-0	1-2	35	2013 年 1 月	林琳，蔡伟新
3	财务管理	978-7-5655-0328-3	1-2	29	2013 年 7 月	翟其红
4	财务管理教程与实训	978-7-5038-4837-7	1-3	37	2009 年 11 月	张红，景云霞
5	财务管理实务教程	978-7-301-21945-4	1-1	30	2013 年 2 月	包忠明，何彦
6	中小企业财务管理教程	978-7-301-19936-7	1-1	28	2012 年 1 月	周兵
7	财务会计(第 2 版)	978-7-81117-975-6	2-1	32	2010 年 3 月	李哲
8	财务会计	978-7-5655-0117-3	1-1	40	2011 年 1 月	张双兰，李桂梅
9	财务会计	978-7-301-20951-6	1-1	32	2012 年 7 月	张严心，金敬辉
10	财务会计实务	978-7-301-22005-4	1-1	36	2013 年 1 月	管玲芳
11	Excel 财务管理应用	978-7-5655-0358-0	1-2	33	2013 年 5 月	陈立稳
12	Excel 在财务和管理中的应用	978-7-301-22264-5	1-1	33	2013 年 3 月	陈跃安，张建成，袁淑清，刘啸尘
13	会计基本技能	978-7-5655-0067-1	1-3	26	2012 年 9 月	高东升，王立新
14	会计基础实务	978-7-301-21145-8	1-1	27	2012 年 8 月	刘素菊，潘素琼

序号	书　　名	书　　号	版次	定价	出版时间	主　　编
15	会计基础实训	978-7-301-19964-0	1-2	29	2012 年 1 月	刘春才
16	会计英语	978-7-5038-5012-7	1-2	28	2009 年 8 月	杨洪
17	企业会计基础	978-7-301-20460-3	1-1	33	2012 年 4 月	徐炳炎
18	初级会计实务	978-7-301-23586-7	1-1	40	2014 年 1 月	史新浩，张建峰
19	初级会计实务学习指南	978-7-301-23511-9	1-1	30	2014 年 1 月	史新浩，朱云萍
20	基础会计	978-7-5655-0062-6	1-1	28	2010 年 8 月	常美
21	基础会计教程	978-7-81117-753-4	1-1	30	2009 年 7 月	侯颖
22	基础会计教程与实训(第 2 版)	978-7-301-16075-6	2-2	30	2013 年 1 月	李洁，付强
23	基础会计教程与实训	978-7-5038-4845-2	1-5	28	2010 年 8 月	李洁，王美玲
24	基础会计实训教程	978-7-5038-5017-2	1-3	20	2011 年 6 月	王桂梅
25	基础会计原理与实务	978-7-5038-4849-0	1-3	28	2009 年 8 月	侯旭华
26	成本费用核算	978-7-5655-0165-4	1-2	27	2012 年 9 月	王磊
27	成本会计	978-7-5655-0130-2	1-1	25	2010 年 12 月	陈东领
28	成本会计	978-7-301-21561-6	1-1	27	2012 年 11 月	潘素琼
29	成本会计	978-7-301-19409-6	1-2	24	2012 年 11 月	徐亚明，吴雯雯
30	成本会计	978-7-81117-592-9	1-3	28	2012 年 7 月	李桂梅
31	成本会计实务	978-7-301-19308-2	1-1	36	2011 年 8 月	王书果，李凤英
32	成本会计实训教程	978-7-81117-542-4	1-4	23	2013 年 1 月	贺英莲
33	会计电算化实用教程	978-7-5038-4853-7	1-1	28	2008 年 2 月	张耀武，卢云峰
34	会计电算化实用教程(第 2 版)	978-7-301-09400-6	2-1	20	2008 年 6 月	刘东辉
35	会计电算化项目教程	978-7-301-22104-4	1-1	34	2013 年 2 月	亓文会，亓凤华
36	电算会计综合实习	978-7-301-21096-3	1-1	38	2012 年 8 月	陈立稳，陈健
37	审计学原理与实务	978-7-5038-4843-8	1-2	32	2010 年 7 月	马西牛，杨印山
38	审计业务操作	978-7-5655-0171-5	1-2	30	2013 年 1 月	涂申清
39	审计业务操作全程实训教程	978-7-5655-0259-0	1-3	26	2012 年 4 月	涂申清
40	实用统计基础与案例	978-7-301-20409-2	1-2	35	2013 年 7 月	黄彬红
41	统计基础理论与实务	978-7-301-22862-3	1-1	34	2013 年 7 月	康燕燕，刘红英
42	统计学基础	978-7-81117-756-5	1-2	30	2011 年 1 月	阮红伟
43	统计学原理	978-7-301-21924-9	1-1	36	2013 年 1 月	吴思莹，刑小博
44	统计学原理	978-7-81117-825-8	1-3	25	2011 年 11 月	廖江平，刘登辉
45	统计学原理与实务	978-7-5038-4836-0	1-5	26	2010 年 7 月	姜长文
46	管理会计	978-7-301-22822-7	1-1	34	2013 年 7 月	王红珠，邵敬浩
47	预算会计	978-7-301-20440-5	1-1	39	2012 年 5 月	冯萍
48	行业特殊业务核算	978-7-301-18204-8	1-1	30	2010 年 12 月	余浩，肖秋莲